MW00720345

Nuestra misión es

ESTABLECER A LAS PERSONAS EN LA PALABRA DE DIOS

En Ministerios Precepto creemos que la única respuesta verdadera para impactar a nuestro tan necesitado mundo *es una vida transformada* por la poderosa Palabra de Dios. Con esto en mente, nos estamos movilizando para alcanzar al mundo hispano con el fin de que aprenda a "usar bien la Palabra de Verdad". Para ello, actualmente estamos ofreciendo **entrenamiento gratuito** en las destrezas necesarias para el Estudio Bíblico Inductivo.

¡Únetenos en esta maravillosa experiencia de conocer la metodología inductiva y de aprender a usar nuestra serie de "40 Minutos"!

Puedes comunicarte con nosotros:

Llamándonos al 1-866-255-5942
O enviarnos un email a nuestra dirección: wcasimiro@precept.org

También puedes escribirnos solicitando más información a:
Precept Ministries International
Spanish Ministry
P.O. BOX 182218
Chattanooga, TN 37422
O visitar nuestra página WEB: www.precept.org

Estamos a tu completa disposición, pues estamos convencidos que existimos para cooperar juntamente con la iglesia local con el fin de ver a nuestro pueblo viviendo como ejemplares seguidores de Jesucristo, que estudian la Biblia inductivamente, miran al mundo bíblicamente, hacen discípulos intencionalmente y sirven fielmente a la iglesia en el poder del Espíritu Santo.

40 Minutos
DE ESTUDIO BÍBLICO

PROGRAMA DE
ESTUDIO
EN 6 SEMANAS

VIVIENDO

UNA VIDA DE

VERDADERA

ADORACIÓN

**MINISTERIOS
PRECEPTO
INTERNACIONAL**

KAY ARTHUR
BOB & DIANE VEREEN

Viviendo Una Vida De Verdadera Adoración
Publicado en inglés por WaterBrook Press
12265 Oracle Boulevard, Suite 200
Colorado Springs, Colorado 80921
Una división de Random House Inc.

Todas las citas bíblicas han sido tomadas de la Nueva Biblia Latinoamericana de Hoy; texto basado en La Biblia de las Américas®. © Copyright 1986, 1995, 1997 por la Fundación Lockman. Usadas con permiso (www.lockman.org).

ISBN 978-1-62119-022-6

2012 – Edición Estados Unidos

CÓMO USAR ESTE ESTUDIO

Este estudio bíblico inductivo está dirigido a grupos pequeños interesados en conocer la Biblia, pero que dispongan de poco tiempo para reunirse. Resulta ideal, por ejemplo, para grupos que se reúnan a la hora de almuerzo en el trabajo, para estudios bíblicos de hombres, para grupos de estudio de damas o para clases pequeñas de Escuela Dominical (también es muy útil para grupos que se reúnan durante períodos más largos—como por las noches o sábados por la mañana—que sólo quieran dedicar una parte de su tiempo al estudio bíblico; reservando el resto del tiempo para la oración, comunión y otras actividades).

El presente libro ha sido diseñado de tal forma que el propio grupo complete la tarea de cada lección al mismo tiempo. La discusión de las observaciones, extraídas de lo que Dios dice acerca de un tema en particular, les revelará impactantes y motivadoras verdades.

Aunque se trata de un estudio en grupo y participativo, resulta necesaria la intervención de un moderador para que dirija al grupo—alguien quien procure que la discusión se mantenga activa (la función de esta persona no es la de un conferenciante o maestro; sin embargo, al usar este libro en una clase de Escuela Dominical o en una reunión similar, el maestro deberá sentirse en libertad de dirigir el estudio de forma más abierta; brindando observaciones complementarias, además de las incluidas en la lección semanal).

Si eres el moderador del grupo, a continuación encontrarás algunas recomendaciones que te ayudarán a hacer más fácil tu trabajo:

- Antes de dirigir al grupo, revisa toda la lección y marca el texto. Esto te familiarizará con su contenido y te capacitará para ayudarles con mayor facilidad. La dirección del grupo te será más cómoda si tú mismo sigues las instrucciones de cómo marcar y si escoges un color específico para cada símbolo que marques.

- Al dirigir el grupo comienza por el inicio del texto leyéndolo en voz alta según el orden que aparece en la lección; incluye además los "cuadros de aclaración" que podrían aparecer después de las instrucciones y a mitad de las observaciones o de la discusión. Motívales a trabajar juntos la lección, observando y discutiendo todo cuanto aprendan. Y, al leer los versículos bíblicos, pide que el grupo diga en voz alta la palabra que estén marcando en el texto.

- Las preguntas de discusión sirven para ayudarte a cubrir toda la lección. A medida que la clase participe en la discusión, te irás dando cuenta que ellos responderán las preguntas por sí mismos. Ten presente que las preguntas de discusión son para guiar al grupo en el tema, y no para suprimir la discusión.

- Recuerda lo importante que resulta para la gente el expresar sus respuestas y descubrimientos; pues esto fortalecerá grandemente su entendimiento personal de la lección semanal. Por lo tanto, ¡asegúrate que todos tengan oportunidad de contribuir en la discusión semanal!

- Procura mantener la discusión activa, aunque esto pudiera significarles pasar más tiempo en algunas partes del estudio que en otras. De ser necesario, siéntete en libertad de desarrollar una lección en más de una sesión; sin embargo, recuerda evitar avanzar a un ritmo muy lento, puesto que es mejor que cada uno sienta haber contribuido a la discusión semanal -en otras palabras: "que deseen más"- a que se retiren por falta de interés.

- Si las respuestas del grupo no te parecen adecuadas, puedes recordarles cortésmente que deben mantenerse enfocados en la verdad de las Escrituras; su meta es aprender lo que la Biblia dice, y no el adaptarse a filosofías humanas. Sujétense únicamente a las Escrituras, y permitan que Dios sea quien les hable ¡Su Palabra es verdad! (Juan 17:17).

VIVIENDO UNA VIDA DE VERDADERA ADORACIÓN

Hay un hambre, una búsqueda por lo espiritual. El ser humano fue hecho para la adoración. Pero, ¿la adoración de quién — o de qué? ¿Acaso importa saberlo, una vez que se ha encontrado algo que (satisface) para uno funciona? ¿(Acaso existe) Hay una forma de adoración correcta — y otra falsa? ¿(o Existe) Hay una forma que nos (ayude) ayudará a desarrollar una relación genuina, e íntima con Dios?

Estas son preguntas que queremos responder al investigar qué dice la Biblia acerca del tema de la adoración. Vamos a usar el método inductivo, lo que significa que observarás la Palabra de Dios por ti mismo. Luego de descubrir lo que dice y lo que significa, puedes decidir si quieres, o no, ordenar tu vida de acuerdo a su verdad.

hebreos 11 -17-19

OBSERVA

El primer lugar en que se menciona en la Biblia, la palabra adoración, es en Génesis 22. Aunque esta palabra sólo aparece una vez en ese capítulo, puedes aprender algunas verdades fundamentales sobre la verdadera adoración estudiando este pasaje.

Líder: Lee en voz alta Génesis 22:1-10, pasaje que está impreso en la columna derecha. Pide que el grupo diga en voz alta la palabra "Dios", cada vez que Él sea mencionado en el texto. También pídeles que...

- *dibujen un triángulo sobre la palabra* **Dios** *, cada vez que aparezca (y sobre todos los pronombres que se refieren a Él).*

- *marque la palabra* **adoraremos**, *con una A.*

ACLARACIÓN

Adoraremos es la palabra hebrea *shakjá*. Significa postrarse uno mismo o inclinarse. En el Antiguo Testamento, este es el término comúnmente usado para venir delante de Dios en adoración para honrarlo. Adorar a Dios es respetarlo y honrarlo por lo que Él es.

OBSERVA

Cuando Abraham era de edad de setenta y cinco años, y sin hijos, Dios le dijo que haría de él una gran nación, a través de la cual serían benditas todas las naciones de la tierra. Isaac, el hijo que Dios le había prometido, nació cuando Abraham tenía cien años. Sería a través de Isaac que Dios le daría a Abraham una tierra, una nación y una simiente que, de acuerdo a Gálatas 3:16, es Jesucristo.

Génesis 22:1-10

[1] Aconteció que después de estas cosas, Dios probó a Abraham, y le dijo: "¡Abraham!" Y él respondió: "Aquí estoy."

[2] Y Dios dijo: "Toma ahora a tu hijo, tu único, a quien amas, a Isaac, y ve a la tierra de Moriah, y ofrécelo allí en holocausto sobre uno de los montes que Yo te diré."

³ Abraham se levantó muy de mañana, aparejó su asno y tomó con él a dos de sus criados y a su hijo Isaac. También partió leña para el holocausto, y se levantó y fue al lugar que Dios le había dicho.

⁴ Al tercer día alzó Abraham los ojos y vio el lugar de lejos.

⁵ Entonces Abraham dijo a sus criados: "Quédense aquí con el asno. Yo y el muchacho iremos hasta allá, adoraremos y volveremos a ustedes."

⁶ Tomó Abraham la leña del holocausto y la puso sobre Isaac su hijo, y tomó en su mano el fuego y el cuchillo. Y los dos iban juntos.

DISCUTE

• ¿Qué aprendes al marcar las referencias a Dios? *Probó a Abrahan : Dios da instrucción*

• ¿Qué instrucciones le dio Dios a Abraham?

OBSERVA

Líder: Lee Génesis 22:1-10 una vez más. En esta ocasión pide que el grupo diga el nombre Abraham en voz alta, y que lo subrayen cada vez que vean este nombre o un pronombre que se refiera a él.

DISCUTE

Mira las referencias a Abraham que marcaste y discute lo que observas de este hombre en el texto.

• ¿Qué hace Abraham?

• ¿Cómo responde al mandato de Dios?

• ¿Cuál es su relación con Dios? ¿Con su hijo?

OBSERVA

Líder: Lee otra vez, en voz alta, Génesis 22:1-10. Pide que el grupo marque la palabra **holocausto**, *así:* ⋀⋀⋁

DISCUTE

¿Qué aprendes de estos versículos acerca del holocausto y de cómo se relaciona con el acto de adoración?

ACLARACIÓN

El holocausto se describe en Levítico 1. Un holocausto (u ofrenda quemada) era una ofrenda voluntaria, una ofrenda puesta al fuego, que era un olor fragante para el Señor. El sacrificio completo debía colocarse sobre el altar. Nada debería dejarse de él. Cuando la persona que ofrecía el sacrificio ponía su mano sobre la cabeza del sacrificio, éste era aceptado para hacer expiación a su favor.

OBSERVA

Líder: Lee en voz alta Génesis 22:11-19 y una vez más marca...
- *toda referencia a* **Dios**, *incluyendo cualquier pronombre o sinónimo.*
- *toda referencia al* **ángel del Señor**, *con un rectángulo como éste:* ☐

⁷ Isaac habló a su padre Abraham: "Padre mío." Y él respondió: "Aquí estoy, hijo mío." "Aquí están el fuego y la leña," Isaac dijo, "pero ¿dónde está el cordero para el holocausto?"

⁸ Y Abraham respondió: "Dios proveerá para sí el cordero para el holocausto, hijo mío." Y los dos iban juntos.

⁹ Llegaron al lugar que Dios le había dicho y Abraham edificó allí el altar, arregló la leña, ató a su hijo Isaac y lo puso en el altar sobre la leña.

¹⁰ Entonces Abraham extendió su mano y tomó el cuchillo para sacrificar a su hijo.

Génesis 22:11-19

¹¹ Pero el ángel del SEÑOR lo llamó desde el cielo y dijo: "¡Abraham, Abraham!" Y él respondió: "Aquí estoy."

¹² Y el ángel dijo: "No extiendas tu mano contra el muchacho, ni le hagas nada. Porque ahora sé que temes (reverencias) a Dios, ya que no Me has rehusado tu hijo, tu único."

¹³ Entonces Abraham alzó los ojos y miró, y vio un carnero detrás de él trabado por los cuernos en un matorral. Abraham fue, tomó el carnero y lo ofreció en holocausto en lugar de su hijo.

No te preocupes en marcar los sinónimos de ángel del Señor.

DISCUTE

• En los versículos 11 y 12, ¿qué evitó el ángel del Señor que Abraham hiciera?

• ¿Por qué el ángel del Señor detuvo a Abraham?

• ¿Cómo se relaciona Génesis 22:1, con lo que Dios estaba haciendo a Abraham?

• Lee el cuadro de aclaración acerca del temor y discute cómo Abraham mostró su temor de Dios.

ACLARACIÓN

En el versículo 12, la palabra temes es la palabra hebrea *yaré*. En este contexto significa tener reverencia hacia Dios, confiar en Él, respetarlo. No significa tener miedo de Él. Dios es reverenciado cuando una persona lo respeta por quien Él es. El temor de Dios en un creyente, se ve cuando él o ella caminan en Sus caminos, y lo ama, y sirve en obediencia absoluta.

• En los versículos 15-18, ¿qué le dijo el ángel del Señor a Abraham que Dios haría como resultado de su obediencia? (Esta es la primera vez que la palabra obedecer (obedecido) es usada en la Biblia).

Bendecire, multiplicare tu descendencia.

Líder: Pide que el grupo ponga un número (1, 2, 3) encerrado en un círculo, para marcar cada promesa de Dios a Abraham. Mira el ejemplo del versículo 17.

OBSERVA
Líder: Lee Génesis 22:11-19 otra vez. Una vez más pide que el grupo marque...
  • *toda referencia a Abraham. (Recuerda de marcar las variantes verbales y los pronombres.)*
  • *toda referencia a holocausto, tal como lo hiciste anteriormente.*

14 Y Abraham llamó aquel lugar con el nombre de El SEÑOR Proveerá, como se dice hasta hoy: "En el monte del SEÑOR se proveerá."

15 El ángel del SEÑOR llamó a Abraham por segunda vez desde el cielo,

16 y le dijo: "Por Mí mismo he jurado," declara el SEÑOR, "que por cuanto has hecho esto y no me has rehusado tu hijo, tu único,

17 de cierto te bendeciré grandemente, y multiplicaré en gran manera tu descendencia como las estrellas del cielo y como la arena en la orilla del mar, y tu descendencia poseerá la puerta de sus enemigos.

¹⁸ "En tu simiente serán bendecidas todas las naciones de la tierra, porque tú has obedecido Mi voz."

¹⁹ Entonces Abraham volvió a sus criados, y se levantaron y fueron juntos a Beerseba. Y habitó Abraham en Beerseba.

DISCUTE

• ¿Qué ofreció Abraham a Dios como holocausto?

• De acuerdo a lo que leíste en el versículo 14, ¿de dónde vino esta ofrenda?

• ¿Qué aprende Abraham acerca de Dios según el versículo 14?

• Digamos que este incidente es un cuadro del amor de Dios por nosotros. La primera vez que amar (amas) es usado en la Biblia, es en Génesis 22:2, y se usa en relación a un padre ofreciendo a su único hijo como holocausto. Nosotros debíamos de morir por nuestros pecados, pero Jesús murió en nuestro lugar. ¿Quién proveyó el carnero que murió en lugar de Isaac? ¿En qué te hace pensar esto?

• ¿Cómo el temor a Dios se relaciona con la adoración?

Tener fe
Honrax
Juan 1:29

FINALIZANDO

Para ser un verdadero adorador de Dios, de acuerdo a lo que has visto, ¿qué necesitarías hacer? ¿Qué aprendes sobre la adoración en este capítulo?

- Usando la vida de Abraham como modelo, ¿cómo responderías a Dios?

- ¿Cómo se relaciona la forma en que vives (o "andas" como dice la Escritura) con tu adoración?

- ¿Qué efecto debería tener esto sobre la forma en que adoras?

Si deseas entender cómo una persona pecadora puede venir a la presencia del Dios Santo, para tener intimidad con Él como nunca antes, serás bendecido en las próximas semanas cuando descubras el sorprendente modelo de adoración dado a Moisés por Dios.

Galatas 3:

Cuando te detienes y piensas acerca de la fe judeo-cristiana, parece incomprensible que Dios, el gobernador soberano de todo el universo, deseara tener una relación íntima y cercana con aquellos que Él creó. Ninguna otra fe en el mundo tiene un concepto semejante al de un Dios que está tan cercano a aquellos que claman a Él, y tan deseoso de tener intimidad con Su creación, morando en su presencia.

¿Cómo se adora a un Dios como éste? O, ¿tiene importancia esto? ¿Podemos llegar al Dios de Abraham, Isaac y Jacob en cualquier forma que queramos? Y para aquellos que creemos en el Señor Jesucristo, el Hijo del Dios Altísimo, ¿qué diferencia hace el tener una fe así, cuando nos acercamos a nuestro Santo Dios?

La semana pasada viste que Dios dio instrucciones específicas a Abraham respecto a cómo debía de adorarlo. Abraham adoró a Dios con temor, obediencia, y sin negarle a quien le era más precioso que su propia vida — su hijo, a través del cual Dios haría de Abraham una gran nación.

Esta semana verás que Dios también dio a Moisés instrucciones específicas sobre cómo Su pueblo debería acercarse a Él en adoración; dándole incluso el diseño detallado para el tabernáculo que se le ordenó construir.

¿Qué tenía que ver el tabernáculo con la adoración? El tabernáculo, su disposición y el mobiliario, proveen un cuadro de cuán pecadora llega la gente delante de su Santo Dios, en adoración y servicio. También provee un cuadro de Jesús y del verdadero tabernáculo celestial, y presenta un modelo de cómo el creyente puede adorar, en forma apropiada, a Dios y experimentar Su presencia.

OBSERVA

En Éxodo 25, Dios habló a Moisés respecto a la construcción del tabernáculo.

Líder: Lee en voz alta Éxodo 25:8-9. Cuando llegues a alguna palabra clave que el grupo deba de marcar, pide que la digan en voz alta.

- *Marca **Dios** con un triángulo tal como lo hiciste antes. También marca sus pronombres y variantes verbales que se refieran a Él.*
- *Marca **modelo** con una línea ondeada como ésta:* 〰️
- *Marca **tabernáculo** y **santuario** con un rectángulo.*

OBSERVA

Ahora obtengamos una perspectiva más profunda del tabernáculo y de su construcción, comparando Escritura con Escritura. Vamos a ver Hebreos 8:1-2 y 8:5, donde el autor se refiere al tabernáculo cuando habla de "presentar ofrendas según la ley".

Éxodo 25:8-9

8 "Que Me hagan un santuario, para que Yo habite entre ellos.

9 "Conforme a todo lo que te voy a mostrar, *conforme* al diseño del tabernáculo y al diseño de todo su mobiliario, así ustedes lo harán.

Hebreos 8:1–2, 5

¹ Ahora bien, el punto principal de lo que se ha dicho *es éste:* tenemos tal Sumo Sacerdote, que se ha sentado a la diestra del trono de la Majestad en los cielos,

² *como* ministro del santuario y del tabernáculo verdadero, que el Señor erigió, no el hombre.

⁵ los cuales sirven a *lo que es* copia y sombra de las cosas celestiales, tal como Moisés fue advertido *por Dios* cuando estaba a punto de erigir el tabernáculo. Pues, dice El: "Haz todas las cosas CONFORME AL MODELO QUE TE FUE MOSTRADO EN EL MONTE."

ACLARACIÓN

La palabra traducida como *tabernáculo* en este pasaje, es un sustantivo derivado del verbo hebreo "morar". Era el lugar donde Dios se encontraba con el hombre y se comunicaba con él. Era allí donde el hombre se podía acercar a Dios a través del sacrificio.

Líder: Lee en voz alta Hebreos 8:1-2, 5 y pide que el grupo marque...
- *tabernáculo y santuario*
- *modelo*

DISCUTE
- ¿Qué le dijo Dios a Moisés que hiciera? ¿Por qué?

UN Santuario

Conforme a Todo lo q" te voy a mostrar

- ¿Cómo lo debía de hacer?

Conforme al diseño del tabernáculo

- ¿Qué aprendiste al marcar las palabras tabernáculo y modelo/diseño en Éxodo 25 y Hebreos 8?

OBSERVA

En la sección que vas a observar, aprenderás acerca del mobiliario que Dios le dijo a Moisés que colocara en el tabernáculo.

Líder: Lee en voz alta Éxodo 40:17-33. Marca lo siguiente y luego mira el dibujo junto al texto, para visualizar lo que has leído.

- *Subraya la frase* **como el SEÑOR había mandado a Moisés.**
- *Dibuja un rectángulo alrededor de cada mención del* **tabernáculo.**

Al leer el texto sección por sección, haz una pausa para que los estudiantes vean dónde estaba colocada en el tabernáculo cada pieza del mobiliario. Notarás que comienza por el Lugar Santísimo y que se dirige hacia la parte exterior.

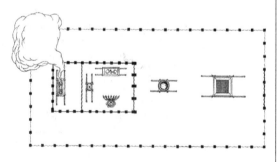

Éxodo 40:17–33

¹⁷ Y en el primer mes del año segundo, el *día* primero del mes, el tabernáculo fue levantado. *Salieron Egipto hace 1 año*

¹⁸ Moisés levantó el tabernáculo y puso sus basas, colocó sus tablas, metió sus barras y erigió sus columnas.

¹⁹ Y extendió la tienda sobre el tabernáculo y puso la cubierta de la tienda arriba, sobre él, tal como el SEÑOR había mandado a Moisés.

²⁰ Entonces tomó el testimonio y *lo* puso en el arca, colocó las varas en el arca y puso el propiciatorio arriba, sobre el arca.

21 Y metió el arca en el tabernáculo y puso un velo por cortina y cubrió el arca del testimonio, tal como el SEÑOR había mandado a Moisés.

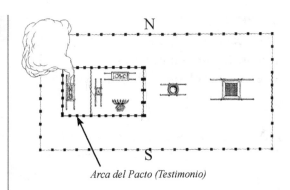

Arca del Pacto (Testimonio)

22 Puso también la mesa en la tienda de reunión, en el lado norte del tabernáculo, fuera del velo;

23 y puso en orden sobre ella los panes delante del SEÑOR, tal como el SEÑOR había mandado a Moisés.

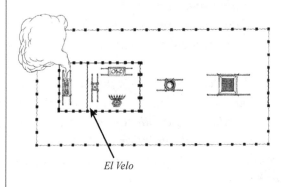

El Velo

24 Entonces colocó el candelabro en la tienda de reunión, frente a la mesa, en el lado sur del tabernáculo,

25 y encendió las lámparas delante del SEÑOR, tal como el SEÑOR había mandado a Moisés.

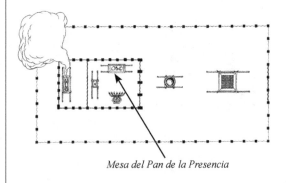

Mesa del Pan de la Presencia

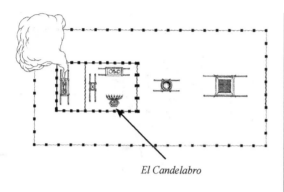

El Candelabro

26 Luego colocó el altar de oro en la tienda de reunión, delante del velo;

27 y quemó en él incienso aromático, tal como el SEÑOR había ordenado a Moisés.

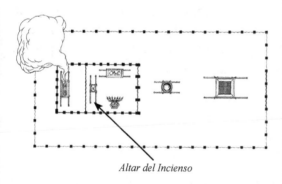

Altar del Incienso

28 Después colocó la cortina para la entrada del tabernáculo,

29 y puso el altar del holocausto *delante de* la entrada del tabernáculo de la tienda de reunión, y ofreció sobre él el holocausto y la ofrenda de cereal, tal como el SEÑOR había ordenado a Moisés.

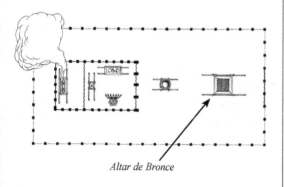

Altar de Bronce

30 Puso la pila entre la tienda de reunión y el altar, y puso en ella agua para lavarse,

³¹ y Moisés, Aarón y sus hijos se lavaban las manos y los pies en ella.

³² Cuando entraban en la tienda de reunión y cuando se acercaban al altar, se lavaban, tal como el SEÑOR había ordenado a Moisés.

³³ *Moisés* levantó el atrio alrededor del tabernáculo y del altar, y colgó la cortina para la entrada del atrio. Así terminó Moisés la obra.

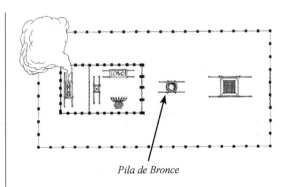

Pila de Bronce

DISCUTE

• Repasa rápidamente dónde estaba puesta cada pieza del mobiliario. Haz esto siguiendo la perspectiva de entrar por "la entrada del atrio".

• ¿Cómo estaba construido el tabernáculo? ¿Tenía el pueblo la libertad de construirlo de la forma que deseara?

• Hasta este punto de nuestro estudio, ¿tienes una perspectiva de la forma en que Dios debía de ser adorado?

OBSERVA

Ahora observemos lo que sucedió cuando Moisés terminó la obra en el tabernáculo.

Líder: Lee Éxodo 40:34-38. Pide que tus estudiantes marquen...

- *tabernáculo* con un rectángulo, al igual que antes.
- *tienda de reunión*, así:
- *nube*, así:

La Nube

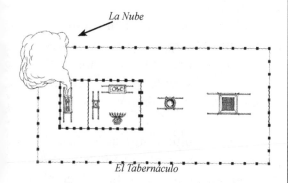

El Tabernáculo

DISCUTE

- ¿Habiendo puesto todo el mobiliario en el Tabernáculo, y estando la obra terminada, qué sucedió?

- Cuando la nube cubrió la tienda de reunión, ¿qué fue lo que llenó el tabernáculo? ¿Qué representaba la nube?

Éxodo 40:34-38

34 Entonces la nube cubrió la tienda de reunión y la gloria del SEÑOR llenó el tabernáculo.

35 Moisés no podía entrar en la tienda de reunión porque la nube estaba sobre ella y la gloria del SEÑOR llenaba el tabernáculo.

36 Y en todas sus jornadas cuando la nube se alzaba de sobre el tabernáculo, los Israelitas se ponían en marcha.

37 Pero si la nube no se alzaba, ellos no se ponían en marcha hasta el día en que se alzaba.

38 Porque en todas sus jornadas la nube del SEÑOR estaba de día sobre el tabernáculo, y de noche había fuego allí a la vista de toda la casa de Israel.

• ¿Qué aprendes al marcar las referencias a la nube? ¿Se relaciona esto en alguna forma con lo que Dios dijo a Moisés que Él haría en Éxodo 25:8 — "Y que hagan un santuario para mí, para que yo habite entre ellos"?

OBSERVA

A través de este tabernáculo móvil, Dios moró entre Su pueblo por casi quinientos años. Luego, la presencia de Dios se movió al templo construido — por mandato de Dios — por el rey Salomón.

Durante el último sitio de los babilonios contra Jerusalén en el año 586 a.C., la nube de la presencia de Dios salió del templo de Salomón, y nunca regresó (Ezequiel 10-11.) El templo de Salomón fue destruido.

Cuando los judíos regresaron del exilio en Babilonia, el templo fue reconstruido. Luego, bajo la ocupación romana, Herodes restauró y agrandó el templo. Sin embargo, la nube de la presencia de Dios nunca más se posó sobre el Lugar Santísimo. La gloria de Su presencia nunca se vio, hasta...

*Líder: Pide que el grupo lea Juan 1:1-2,14 en voz alta, notando las palabras **habitó** y **gloria**.*

DISCUTE

• De acuerdo con estos versículos, ¿dónde habita ahora la gloria de Dios?

• Entonces, ¿Qué sucedió cuando Jesús entró al templo que Herodes había restaurado y agrandado (conocido como el "Segundo Templo")?

OBSERVA

Justo antes de que Jesús fuera crucificado, reunió a Sus discípulos en el aposento alto y les dijo que Él se iba a ir — volvería al Padre para preparar lugar para ellos. Sin embargo, no los dejaría solos. Después que ascendiera al Padre, les enviaría al Espíritu Santo que estaría en ellos. Él dijo en Juan 14:23, "Si alguno me ama, guardará mi palabra; y mi Padre lo amará, y vendremos a él, y haremos con él morada".
En otras palabras, Dios moraría en ellos — en aquellos que creerían en Él.

Juan 1:1–2, 14

¹ En el principio *ya* existía el Verbo (la Palabra), y el Verbo estaba con Dios, y el Verbo era Dios.

² El estaba (existía) en el principio con Dios.

¹⁴ El Verbo (La Palabra) se hizo carne, y habitó entre nosotros, y vimos Su gloria, gloria como del unigénito (único) del Padre, lleno de gracia y de verdad.

1 Corintios 3:16

16 ¿No saben que ustedes son templo de Dios y que el Espíritu de Dios habita en ustedes?

1 Corintios 6:19–20

19 ¿O no saben que su cuerpo es templo del Espíritu Santo que está en ustedes, el cual tienen de Dios, y que ustedes no se pertenecen a sí mismos?

20 Porque han sido comprados por un precio. Por tanto, glorifiquen a Dios en su cuerpo y en su espíritu, los cuales son de Dios.

Líder: Lee en voz alta 1 Corintios 3:16 y 6:19-20. Pide que los estudiantes pronuncien las palabras clave que marcarán al leer el texto. Pídeles que tengan en mente que estos versículos fueron escritos a aquellos que creerían que Jesucristo es el Hijo de Dios.

Marca lo siguiente:

- ***templo**, tal como marcaste "tabernáculo".*
- ***Espíritu de Dios** — subráyalo*
- ***(está) en vosotros**, con una "nube".*
- ***glorificad** — haz un círculo.*

DISCUTE

- ¿Dónde moró la gloria de Dios en primer lugar? Luego, ¿cuando fue vista? Y finalmente, ¿dónde habita hoy en día Su gloria, Su Espíritu?

- El entender todo esto, ¿Cómo afecta tu forma de adorar a Dios?

FINALIZANDO

A lo largo del Antiguo Testamento, la gloria del Señor está ligada con la presencia de Dios en medio de Israel, en el tabernáculo. En el Nuevo Testamento, bajo el Nuevo Pacto, la gloria de Dios es revelada por Su presencia con nosotros.

El tabernáculo era un lugar específico donde Dios moraba, un lugar para la nube de la gloria del Señor durante el día, y la columna de fuego durante la noche. Cuando la nube era levantada, los hijos de Israel se levantaban. Si la nube no se movía, ellos no se movían. Cuando Dios se movía, el pueblo se movía, y si Él no se movía, ellos no se movían. Para el pueblo esto requería entrega incondicional.

• ¿Qué significa que Dios te llame Su templo? ¿Qué efecto debería tener eso en tu vida?

• ¿Cómo se relaciona esto con nuestra adoración a Dios? ¿Podría ser que la adoración es más que un tiempo de cantos al iniciar un servicio de la iglesia — un servicio de adoración?

La semana entrante acompañarás al sacerdote en su recorrido a través del tabernáculo, y verás el papel que tiene cada pieza del mobiliario en el tabernáculo, a fin de volver al ser humano a una relación correcta con Dios, a través del perdón de sus pecados. Si deseas conocer el camino hacia Su presencia, reúnete con tu grupo la próxima semana.

Cuando Moisés subió al Monte Sinaí para recibir los Diez Mandamientos, el pueblo no podía ir con él por temor a morir. Un hombre impío no podía entrar a la presencia del Dios Santo.

Moisés pasó cuarenta días y cuarenta noches en el monte. Durante ese tiempo, Dios no sólo le dio los Diez Mandamientos y los planos detallados para el tabernáculo, sino también los procedimientos con los que Moisés iba a ungir, ordenar y consagrar a los sacerdotes que ministrarían en el tabernáculo.

El hombre necesitaba un representante. Necesitaba alguien que pudiera mediar por él en este nuevo lugar de adoración, alguien que pudiera tratar con los sacrificios en tal forma que Dios estuviera satisfecho, aceptara la ofrenda, y el hombre sea restaurado en su relación con Él. Entonces Dios podría morar en medio de ellos, y podrían tener comunión unos con otros.

Dios le dio al sacerdote instrucciones específicas de cómo y cuándo él debía de adorarle en el tabernáculo. El sacerdote no tenía libertad de planear o implementar su propia forma. Una vez más, todo debía ser hecho a la manera de Dios.

Al observar al sacerdote, y su camino a través del tabernáculo, veremos el camino que debemos seguir para experimentar una verdadera adoración. Durante las próximas tres semanas estudiaremos cómo se relacionaban los sacerdotes con cada parte del tabernáculo, cómo esto simboliza a Jesús desde entonces, y cómo se relaciona todo con nosotros hoy en día.

OBSERVA

De acuerdo a Éxodo 28:1, Dios dijo que estaba llamando a Aarón y sus descendientes para el sacerdocio, para que ellos "me sirvan como sacerdotes". El sacerdote iba a servir a Dios. Hacer esto sería adoración.

Líder: Lee en voz alta Levítico 9:7 y pide que el grupo repita las palabras clave "sacerdote" y "expiación" cuando aparezcan, o sus sinónimos, como "Aarón" para el sacerdote.

- *Marca **sacerdote** con una S grande.*
- *Marca **expiación** con medio círculo, como éste:* ⌒

Levítico 9:7

7 Entonces Moisés dijo a Aarón: "Acércate al altar y presenta tu ofrenda por el pecado y tu holocausto, para que hagas expiación por ti mismo y por el pueblo; luego presenta la ofrenda por el pueblo, para que puedas hacer expiación por ellos, tal como el SEÑOR ha ordenado."

ACLARACIÓN

La palabra traducida como *expiación* significa cubrir. Se usa frecuentemente para el concepto de cubrir el pecado con la sangre de un sacrificio que hace posible a la persona pecadora acercarse al Dios Santo. Bajo el Antiguo Pacto, la ley, esto se cumplía ofreciendo un pago substituto por el pecado con la sangre de un animal.

DISCUTE

• ¿Qué aprendiste al marcar la palabra expiación?

• ¿Cómo se hacía la expiación?

Hebreos 4:14

¹⁴ Teniendo, pues, un gran Sumo Sacerdote que trascendió los cielos, Jesús, el Hijo de Dios, retengamos nuestra fe.

Hebreos 5:9–10

⁹ y habiendo sido hecho perfecto, vino a ser fuente (autor) de eterna salvación para todos los que Le obedecen,

¹⁰ siendo constituido por Dios como sumo sacerdote según el orden de Melquisedec.

OBSERVA

Todos los que sirvieron en el tabernáculo y después en el templo, debían ser de la tribu de Leví. Los sacerdotes debían ser levitas descendientes de la familia de Aarón. Sin embargo, con el cumplimiento del tiempo, Dios designaría a otro que fuera sumo sacerdote.

*Líder: Lee en voz alta Hebreos 4:14; 5:9-10; y 8:1-2. Pide que el grupo marque toda referencia a **sacerdote** o **ministro**, tal como lo hicieron antes, con una **S** mayúscula.*

DISCUTE

• ¿Quién es nuestro sumo sacerdote?

• ¿Qué debía Aarón, el sumo sacerdote, hacer?

• ¿En dónde está Él ahora?

• ¿En qué tabernáculo ministró?

OBSERVA

Aarón y sus descendientes sirvieron como sacerdotes en el tabernáculo y el templo bajo el Antiguo Pacto, la Ley. Bajo el Nuevo Pacto de gracia, Jesús llegó a ser Sumo Sacerdote, sirviendo en el verdadero tabernáculo en el cielo. Ahora veamos algunos pasajes del Nuevo Testamento para descubrir si hay sacerdotes hoy, aunque ya no haya templo (a excepción de nuestros cuerpos, que son templo de Jesús, si es que somos verdaderos creyentes).

*Líder: Lee en voz alta Apocalipsis 1:5-6 y 1 Pedro 2:9. Pide que el grupo marque toda referencia a **sacerdote** y **sacerdocio** en la forma en que marcaron "sacerdote" anteriormente.*

DISCUTE

• De acuerdo a los versículos que acabas de observar, ¿quiénes son sacerdotes — y para quién?

Hebreos 8:1–2

¹ Ahora bien, el punto principal de lo que se ha dicho *es éste:* tenemos tal Sumo Sacerdote, que se ha sentado a la diestra del trono de la Majestad en los cielos,

² *como* ministro del santuario y del tabernáculo verdadero, que el Señor erigió, no el hombre.

Apocalipsis 1:5b–6

⁵ ...Al que nos ama y nos libertó de nuestros pecados con Su sangre,

⁶ e hizo de nosotros un reino, sacerdotes para Dios, Su Padre, a El *sea* la gloria y el dominio por los siglos de los siglos. Amén.

1 Pedro 2:9

⁹ Pero ustedes son linaje escogido, real sacerdocio, nación santa, pueblo *adquirido* para posesión *de Dios*, a fin de que anuncien las virtudes de Aquél que los llamó de las tinieblas a Su luz admirable.

• ¿Saber esto afecta la forma en que adoras a Dios? ¿Cómo?

• ¿Qué debemos proclamar? ¿Considerarías esto adoración?

OBSERVA

La semana pasada vimos sólo una forma de entrar al tabernáculo — a través de la "entrada del atrio", que estaba siempre al este. ¿Qué es lo que Dios quiere que entendamos con este modelo?

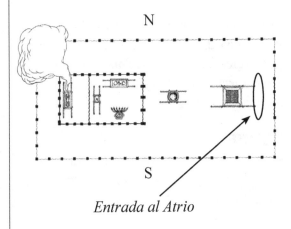

N

S

Entrada al Atrio

Líder: Lee Juan 10:9 y 14:6 para ver cómo esta parte del tabernáculo se cumple en Jesús.

• Marca toda referencia a **Jesús** con una cruz, incluyendo los pronombres

DISCUTE

• ¿Qué aprendes acerca de Jesús en estos versículos?

• ¿Cómo encaja esto con lo que has aprendido acerca de la "entrada del atrio"?

• ¿Cómo podría esto aplicarse a la adoración a Dios? ¿Puede una persona adorar correctamente a Dios, apartado de Jesús?

Juan 10:9

⁹ "Yo soy la puerta; si alguno entra por Mí, será salvo; y entrará y saldrá y hallará pasto.

Juan 14:6

⁶ Jesús le dijo: "Yo soy el camino, la verdad y la vida; nadie viene al Padre sino por Mí.

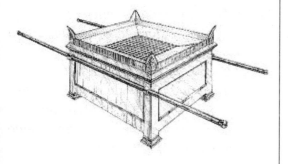

Levítico 1:2–5

² "Di a los Israelitas: 'Cuando alguien de ustedes traiga una ofrenda al SEÑOR, traerán su ofrenda de animales del ganado o del rebaño.

³ 'Si su ofrenda es un holocausto (ofrenda encendida) del ganado, ofrecerá un macho sin defecto; lo ofrecerá a la entrada de la tienda de reunión, para que sea aceptado delante del SEÑOR.

⁴ 'Pondrá su mano sobre la cabeza del holocausto, y le será aceptado para expiación suya.

⁵ 'Entonces degollará el novillo delante del SEÑOR; y los sacerdotes hijos de Aarón

OBSERVA

Líder: Pide que el grupo vea el diagrama del tabernáculo para observar otra vez el lugar del altar de bronce.

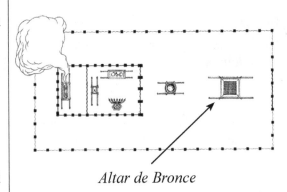

Altar de Bronce

La primera cosa que el adorador encontraba, después de entrar por la puerta del tabernáculo, era el altar de bronce. Los primeros nueve capítulos de Levítico cubren las siete diferentes ofrendas que podían ofrecerse sobre el altar de bronce; sin embargo, sólo veremos una.

Líder: Lee en voz alta Levítico 1:2-5.
- *Haz un círculo a cada referencia a la persona llevando la ofrenda.*
- *Marca holocausto, así: /w/v*
- *Marca toda referencia a sacerdote con una S tal como lo hiciste antes.*
- *Marca expiación con un medio círculo, igual que antes.*

DISCUTE

• ¿Qué procedimiento seguía la persona que traía el holocausto? (Para responder esto puedes pedir a alguien que rápidamente lo represente con una actuación — de esta forma será más memorable).

• ¿Dónde debía hacerse esta ofrenda?

• ¿Qué se hacía con la sangre de la ofrenda?

• Ya que el altar de bronce es la primera pieza del mobiliario en el tabernáculo, ¿te dice esto algo sobre cómo uno se debe de acercar a Dios para adorarlo?

OBSERVA

Líder: *Lee en voz alta Juan 1:29 y Hebreos 10:4-12.*
- *Marca toda referencia a **Jesús** con una cruz, incluyendo sus pronombres.*
- *Marca **sacrificios**, **ofrendas** y **holocaustos** en la misma forma en que antes marcaste "holocausto".*
- *Marca toda referencia a **pecado** con una **P** grande.*
- *Marca cualquier referencia de **tiempo** con un reloj como éste:* ⏰

ofrecerán la sangre y la rociarán por todos los lados sobre el altar que está a la entrada de la tienda de reunión.

Juan 1:29

²⁹ Al día siguiente Juan vio a Jesús que venía hacia él, y dijo: "Ahí está el Cordero de Dios que quita el pecado del mundo.

Hebreos 10:4-12

⁴ Porque es imposible que la sangre de toros y de machos cabríos quite los pecados.

⁵ Por lo cual, al entrar Cristo en el mundo, dice: "SACRIFICIO Y OFRENDA NO HAS QUERIDO, PERO UN CUERPO HAS PREPARADO PARA MI;

⁶ EN HOLOCAUSTOS Y *sacrificios* POR EL PECADO NO TE HAS COMPLACIDO.

⁷ ENTONCES DIJE: 'AQUI ESTOY, YO HE VENIDO (EN EL ROLLO DEL LIBRO ESTA ESCRITO DE MI) PARA HACER, OH DIOS, TU VOLUNTAD.'"

⁸ Habiendo dicho anteriormente: "SACRIFICIOS Y OFRENDAS Y HOLOCAUSTOS, Y *sacrificios* POR EL PECADO NO HAS QUERIDO, NI *en ellos* TU TE HAS COMPLACIDO" (los cuales se ofrecen según la Ley),

DISCUTE

• ¿Qué aprendes al marcar Jesús?

• ¿Por qué tenía que morir Jesús para ofrecer su cuerpo como un sacrificio?

• ¿Qué logró Jesús con la ofrenda de Su cuerpo? ¿Por cuánto tiempo?

• ¿Qué cosa en el tabernáculo nos daría una imagen de la cruz? ¿Cómo?

• ¿Qué aprendes de esto con respecto a adorar a Dios, principalmente si cada pieza en el tabernáculo conduce al arca del pacto y al propiciatorio en el Lugar Santísimo?

Pila de Bronce

OBSERVA

Líder: *Pide que el grupo vea otra vez, en el diagrama del tabernáculo, la ubicación de la pila de bronce. Luego lean Éxodo 30:18-20.*

Al leer el texto, pide que el grupo marque...
- *toda referencia a **Aarón** o a **sus hijos** como marcaste sacerdote con una **S**.*
- *la **pila de bronce**, subrayándola.*
- ***agua**, de esta forma:* ∿∿∿

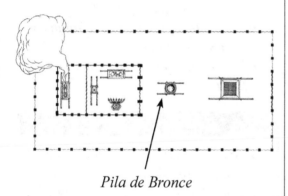

Pila de Bronce

DISCUTE

- ¿Cuál era el propósito de la pila de bronce?

- ¿Quién la usaba y cuándo?

  Aron

- ¿Por qué era usada? ¿Qué sucedía si no se lavaban?

⁹ entonces dijo: "HE AQUI, YO HE VENIDO PARA HACER TU VOLUNTAD." El quita lo primero para establecer lo segundo.

¹⁰ Por esa voluntad hemos sido santificados mediante la ofrenda del cuerpo de Jesucristo *ofrecida* una vez para siempre.

¹¹ Ciertamente todo sacerdote está de pie, día tras día, ministrando y ofreciendo muchas veces los mismos sacrificios, que nunca pueden quitar los pecados.

¹² Pero Cristo, habiendo ofrecido un solo sacrificio por los pecados para siempre, SE SENTO A LA DIESTRA DE DIOS,

Éxodo 30:18–20

18 "Harás también una pila de bronce, con su base de bronce, para lavatorio. La colocarás entre la tienda de reunión y el altar, y pondrás agua en ella.

19 "Con ella se lavarán las manos y los pies Aarón y sus hijos.

20 "Al entrar en la tienda de reunión, se lavarán con agua para que no mueran. También, cuando se acerquen al altar a ministrar para quemar una ofrenda encendida al SEÑOR,

• ¿Qué te dice esto sobre adorar a un Dios santo?

OBSERVA

Ahora veamos algunos pasajes que te aclararán más sobre el significado que se ha dado a la pila de bronce.

Líder: Lee en voz alta Salmo 24:3-4; Efesios 5:25-26; y 1 Juan 1:9.
  • *Marca toda referencia a* **limpieza** *o* **lavarse con agua**.
  • *Marca toda referencia a* **Jesucristo** *en Efesios 5:25-26.*

ACLARACIÓN

La palabra griega traducida como *santificar* significa "hacer santo". Cuando algo es santo, es consagrado, dedicado o apartado para Dios.

DISCUTE
• ¿Quién puede acercarse al Dios santo? ¿Quién puede estar delante Su presencia?

• ¿Por qué Jesús se dio a Sí mismo por nosotros — por qué murió en la cruz?

- Sabemos que tenemos perdón de pecados a través del derramamiento de la sangre de Jesús, pero ¿hay alguna otra forma de limpieza que tenga lugar en nuestra vida, después que llegamos a ser hijos de Dios por la fe en Jesucristo? ¿Qué nos dice Efesios 5:25-26?

- Cuando pecamos como creyentes, ¿cuál es nuestra responsabilidad según 1 Juan 1:9?

- ¿Qué hará Dios?

- De todo lo que has visto, ¿crees que puedes adorar a Dios sin ser limpiado?

- Si asistes a un servicio de adoración con cánticos y alzando tus manos a Dios en alabanza, ¿cuál debería ser la condición de esas manos? ¿Cómo cumplirías esa condición?

Salmo 24:3-4

3 ¿Quién subirá al monte del SEÑOR? ¿Y quién podrá estar en Su lugar santo?

4 El de manos limpias y corazón puro, El que no ha alzado su alma a la falsedad Ni jurado con engaño.

Efesios 5:25-26

25 Maridos, amen a sus mujeres, así como Cristo amó a la iglesia y se dio El mismo por ella,

26 para santificarla, habiéndola purificado por el lavamiento del agua con la palabra,

1 Juan 1:9

9 Si confesamos nuestros pecados, El es fiel y justo para perdonarnos los pecados y para limpiarnos de toda maldad (iniquidad).

FINALIZANDO

Ahora, finalicemos esta semana haciendo el siguiente ejercicio como una forma de recordar las verdades que hemos observado en nuestro estudio de esta semana sobre la verdadera adoración

Recuerda que la palabra adoración básicamente significa inclinarse. Es ver el valor de alguien y actuar o comportarse en la debida forma.

Al versículo que estas por leer de Romanos 12 le preside una explicación completa de Pablo del evangelio de Jesucristo—Su muerte y resurrección, y sus implicaciones prácticas para nuestras vidas. Pablo presenta esta explicación profunda en los primeros once capítulos de Romanos. El capítulo doce comienza con la conclusión: "Por consiguiente".

Romanos 12:1

¹ Por tanto, hermanos, les ruego por las misericordias de Dios que presenten sus cuerpos *como* sacrificio vivo y santo, aceptable (agradable) a Dios, *que es* el culto racional de ustedes.

Líder: Lee con el grupo Romanos 12:1, a una sola voz.

- *Marca cualquier referencia a sacrificio como marcaste "holocausto".*
- *Marca la palabra culto con una C grande.*

Al dar Pablo la explicación del evangelio, llama a sus lectores al compromiso — compromiso a la luz del gran sacrificio que Jesucristo ha hecho a nuestro favor en la cruz del Calvario.

- ¿A qué compromiso somos llamados? ¿Cómo describe Romanos 12:1 este sacrificio?

- ¿Es un mandamiento — o una súplica? ¿Sobre qué bases?

- ¿Crees que una verdadera adoración puede darse, sin importar nuestra respuesta a la verdad descrita en Romanos 12:1?

- ¿Cuál es la enseñanza de mayor importancia que has aprendido respecto a la adoración, en esta semana — o en las tres semanas pasadas?

Sería bueno tomar unos minutos y hablar con Dios sobre lo que han visto esta semana, si les parece bien, pueden hacerlo como grupo. Adórenlo en verdad — las verdades que han visto en Su Palabra.

El tabernáculo terrenal era una sombra del tabernáculo celestial — un cuadro de cómo el ser humano puede adorar a Dios en espíritu y en verdad. Al seguir evaluando cómo cada pieza del mobiliario del tabernáculo simbolizaba al Salvador, podemos entender mejor cómo vivir una vida de verdadera adoración.

El tabernáculo tenía dos componentes principales: El patio exterior y la tienda de reunión (aunque a veces encontrarás que las Escrituras se refieren a todo el tabernáculo como la tienda de reunión.) La tienda de reunión (la tienda interior) estaba también dividida en dos áreas: El lugar santo y el Lugar Santísimo. La semana pasada vimos los utensilios del patio exterior: La entrada al atrio, el altar y la pila. Esta semana vamos a ver el mobiliario del lugar santo — la mesa de los panes de la propiciación, el candelabro y el altar del incienso.

En la lección de la semana pasada, vimos la forma en que el sacerdote entraba por la puerta, iba al altar (donde hacía los sacrificios por él mismo y por el pueblo), y se lavaba en la pila. Esto nos da un modelo de cómo el hombre pecador se acerca a Dios. Dios proveyó una sola forma de venir a Él: a través de la puerta — y Jesús es la puerta. La puerta al tabernáculo siempre estaba al este, a la luz del sol naciente. Inicialmente venimos a Dios para ser limpiados de nuestro pecado a través de un sacrificio. Por lo tanto, el altar es un cuadro de la crucifixión de Jesucristo. Luego, seguimos con el proceso de santificación, siendo santos a través del poder limpiador de Su Palabra, y por la rápida confesión de nuestros pecados.

Continuando con el camino del sacerdote, ahora vamos con él dentro la tienda de reunión, al lugar santo. Aquí, inmediatamente a su derecha, el sacerdote vería la mesa de los panes de la propiciación.

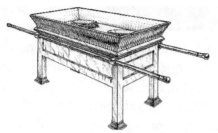

Mesa del Pan de la Presencia

OBSERVA

Mira el diagrama del tabernáculo y localiza el lugar santo y la mesa de los panes.

Líder: Lee en voz alta Levítico 24:5-9 y Éxodo 25:30.
- *Haz un círculo a toda referencia a **tortas** o **pan**.*
- *Subraya toda referencia a **santo**.*
- *Marca toda referencia de **tiempo** con un reloj como éste:* 🕐

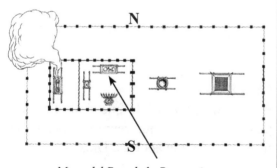

Mesa del Pan de la Presencia

Levítico 24:5–9

5 "Tomarás flor de harina y con ella cocerás doce tortas; *en* cada torta habrá dos décimas *de efa*.

6 "Las colocarás *en* dos hileras, seis *en* cada hilera, sobre la mesa de *oro* puro delante del SEÑOR.

7 "Y en cada hilera pondrás incienso puro, para que sea porción memorial del pan, una ofrenda encendida para el SEÑOR.

8 "Cada día 🕐 de reposo, continuamente, se pondrá en orden delante del SEÑOR. Es un pacto eterno para los Israelitas.

9 "Y será para Aarón y para sus hijos, y lo comerán en un lugar santo; porque lo tendrá como cosa muy sagrada de las ofrendas encendidas para el SEÑOR, *por* derecho perpetuo."

ACLARACIÓN

Pan de la presencia viene de una palabra hebrea que significa "pan del rostro". De hecho, en Éxodo 25:30, "presencia" significa literalmente "rostro". El pan de la presencia se colocaba en la mesa de oro delante del rostro o de la presencia de Dios, quien moraba en el Lugar Santísimo, justo al otro lado del velo.

Éxodo 25:30

30 "Y pondrás sobre la mesa el pan de la Presencia (de la Proposición) perpetuamente Ⓛ delante de Mí.

DISCUTE
• ¿Qué aprendiste acerca del pan? Discute dónde era puesto, cuándo se comía, dónde y por quiénes.

cada día de reposo
Aron y sus hijos
en un lugar santo

• ¿Qué aprendes al marcar las referencias de tiempo?

OBSERVA
Ahora queremos ver lo que simbolizaba el pan — el cuadro que representaba, y qué tiene que ver con adorar a Dios.

Líder: Lee en voz alta Juan 6:35, 48-51. Pide que el grupo...
• *marque toda referencia a **Jesús**.*

- *Marque toda referencia a **pan**, incluyendo los pronombres.*
- *Ponga un reloj sobre cada referencia de **tiempo**.*

DISCUTE

- ¿Qué aprendiste al marcar las palabras pan y Jesús?

- ¿Cuáles son las promesas relacionadas con comer este pan?

- Has visto que Jesús es el pan de vida. ¿Ves algún paralelo o contraste entre Jesús y el maná? *El pan d...*

OBSERVA

Líder: Lean Mateo 4:1-4 como grupo, junto con Deuteronomio 8:3, el texto que Jesús cita en Mateo 4.

- *Una vez más marca toda referencia a **pan**.*

Juan 6:35, 48–51

35 Jesús les dijo: "Yo soy el pan de la vida; el que viene a Mí no tendrá hambre, y el que cree en Mí nunca tendrá sed.

48 "Yo soy el pan de la vida.

49 "Los padres (antepasados) de ustedes comieron el maná en el desierto, y murieron.

50 "Este es el pan que desciende del cielo, para que el que coma de él, no muera.

51 "Yo soy el pan vivo que descendió del cielo; si alguien come de este pan, vivirá para siempre; y el pan que Yo también daré por la vida del mundo es Mi carne."

Mateo 4:1-4

¹ Entonces Jesús fue llevado por el Espíritu (Santo) al desierto para ser tentado (puesto a prueba) por el diablo.

² Después de haber ayunado cuarenta días y cuarenta noches, entonces tuvo hambre.

³ Y acercándose el tentador, Le dijo: "Si eres Hijo de Dios, ordena que estas piedras se conviertan en pan."

⁴ Pero Jesús le respondió: "Escrito está: 'NO SOLO DE PAN VIVIRA EL HOMBRE, SINO DE TODA PALABRA QUE SALE DE LA BOCA DE DIOS.'"

ACLARACIÓN

El maná era un tipo de pan que "llovía del cielo" cada día, excepto el sábado. Era "como la semilla del cilantro, blanca, y su sabor era como de hojuelas con miel" (Éxodo 16:31.) Era la comida que sustentó a los hijos de Israel durante cuarenta años de peregrinación en el desierto. El maná aparecía temprano en la mañana cubriendo la tierra como rocío. A los hijos de Israel se les dijo que recogieran diariamente, lo suficiente para su familia. El maná no podía ser guardado durante la noche, excepto el sexto día, en que recogían provisión para dos días ya que no caía maná el sábado.

DISCUTE

Nuevamente puedes notar que Dios nos está dando en el Antiguo Testamento, representaciones de verdades eternas.

- ¿Por qué Jesús no cede a la sugerencia del diablo, aunque tiene el poder de convertir las piedras en pan?

• ¿A qué compara Jesús el maná cuando se dirige al diablo?

La palabra de Dios

• ¿Cuál es la lección — la aplicación — para nosotros?

Deuteronomio 8:3

3 "El te humilló, y te dejó tener hambre, y te alimentó con el maná que tú no conocías, ni tus padres habían conocido, para hacerte entender que el hombre no sólo vive de pan, sino que vive de todo lo que procede de la boca del SEÑOR.

• ¿Cuáles son las verdades de la mesa del pan de la presencia, que nos ayudarían a adorar a Dios en la forma correcta? Nota quién comía el "pan del rostro".

• ¿Crees que puedes adorar adecuadamente a Dios e ignorar Su Palabra? ¿Qué papel tiene la Biblia en la adoración?

• ¿Cuándo comienza y termina la adoración en la iglesia?

Levítico 24:2-3

2 "Manda a los Israelitas que te traigan aceite puro de olivas machacadas para el alumbrado, para hacer arder la lámpara ⫿ continuamente. ⏱

3 "Fuera del velo del testimonio, en la tienda de reunión, Aarón las dispondrá para que ardan desde el anochecer hasta la mañana ⏱ delante del SEÑOR continuamente; *será* estatuto perpetuo ◔ para todas sus generaciones.

OBSERVA

Una vez más, mira el dibujo del tabernáculo para localizar el lugar del candelabro al lado sur de la tienda de reunión. El candelabro de oro era la única fuente de luz en el lugar santo.

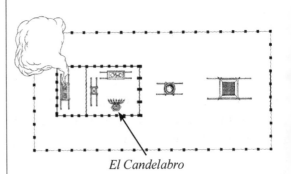

El Candelabro

Líder: *Lee Levítico 24:2-3 en voz alta y pide que el grupo repita las palabras clave al leerlas.*

- *Marca cada vez que aparece la palabra **lámpara**, así:* ⫿
- *También marca cualquier frase relacionada al **tiempo** con un reloj.*

DISCUTE

• ¿Qué aprendiste acerca del candelabro de oro?

• ¿Qué iba a arder en la lámpara? ¿De dónde provenía?

• ¿Cuánto tiempo iba a arder? ¿Quién era responsable de ver que se mantuviera ardiendo?

OBSERVA

Líder: Lee en voz alta Juan 1:1-4, 9; 8:12; y Efesios 5:8.
  • *Marca toda referencia a Jesús con una cruz.*
  • *Marca toda referencia a la luz con un círculo.*

DISCUTE

• De acuerdo a lo que has observado y marcado en estos versículos, ¿quién es la Luz verdadera?

• ¿Qué hace Jesús por los hombres?

Juan 1:1–4, 9

¹ En el principio *ya* existía el Verbo (la Palabra), y el Verbo estaba con Dios, y el Verbo era Dios. ✝

² El estaba (existía) en el principio con Dios.

³ Todas las cosas fueron hechas por medio de El, y sin El nada de lo que ha sido hecho, fue hecho.

⁴ En El estaba (existía) la vida, y la vida era la Luz de los hombres.

⁹ Existía la Luz verdadera que, al venir al mundo, alumbra a todo hombre.

Juan 8:12

¹² Jesús les habló otra vez, diciendo: "Yo soy la Luz del mundo; el que Me sigue no andará en tinieblas, sino que tendrá la Luz de la vida."

Efesios 5:8

⁸ porque antes ustedes eran tinieblas, pero ahora son luz en el Señor; anden como hijos de luz.

*Exodo
25-31
instrucciones
candelabro

Isais
60*

• ¿Qué aprendes acerca de aquellos que siguen a Jesucristo?

• ¿Ves algún significado en estos versículos y en el hecho de que la única luz en el lugar santo era la del candelabro?

• ¿En qué manera el candelabro del tabernáculo, hace referencia a Jesucristo?

• ¿Ves alguna relación entre "andar en la luz" y vivir una vida de verdadera adoración?

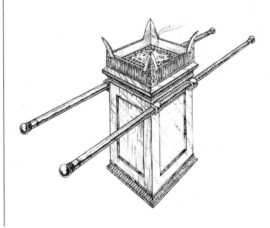

OBSERVA

Mira otra vez el dibujo del tabernáculo y localiza el altar del incienso. (Nota que éste, es un altar diferente de aquel en el que se hacían los sacrificios).

Líder: Lee Éxodo 30:1, 6-10.
- *Marca toda referencia al **altar** (incluyendo los pronombres) con un rectángulo como éste:*
- *Marca cada mención de la palabra **incienso**, así:*
- *Coloca un reloj sobre toda referencia de **tiempo**.*

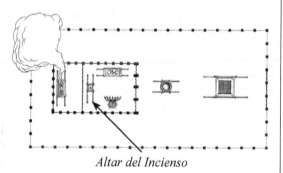
Altar del Incienso

DISCUTE

- ¿Qué aprendes acerca del altar del incienso, y de su propósito? ¿Qué estaba prohibido en este altar?

- ¿Qué aprendes al marcar todas las referencias al incienso?

Exodo 30:1, 6–10

1 "Harás además un altar para quemar incienso en él. De madera de acacia lo harás.

6 "Pondrás el altar delante del velo que está junto al arca del testimonio, delante del propiciatorio que está sobre *el arca del* testimonio, donde Yo me encontraré contigo.

7 "Aarón quemará incienso aromático sobre él. Lo quemará cada mañana al preparar las lámparas.

8 "Cuando Aarón prepare las lámparas al atardecer, quemará incienso. *Habrá* incienso perpetuo delante del SEÑOR por *todas* las generaciones de ustedes.

OBSERVA

El sumo sacerdote sólo podía entrar al Lugar Santísimo (esto lo estudiaremos la semana entrante) a través del velo, una vez al año. Esto era en el Día de Expiación (Yom Kippur), tal como se explica en Levítico 16. Recuerda que hasta que los babilonios destruyeron el templo en el año 586 a.C., la gloria de Dios llenaba el Lugar Santísimo.

Los próximos versículos que observaremos, nos darán a conocer el papel del incienso en el Yom Kippur, Día de Expiación.

Líder: Lee Levítico 16:12-13.
  • *Otra vez, pídele al grupo que marque las palabras **incienso** y **altar**:*

DISCUTE
  • ¿Qué hacía el sacerdote con las brasas del altar del incienso y por qué?

  • ¿Qué sucedía si no se llevaba incienso al entrar detrás del velo?

  • ¿Qué te enseña esto sobre cómo adorar al Dios Santo?

Líder: Sería bueno pedir a alguien del

9 "No ofrecerán incienso extraño en este altar, ni holocausto ni ofrenda de cereal; tampoco derramarán libación sobre él.

10 "Aarón hará expiación sobre los cuernos del altar una vez al año. Hará expiación sobre él con la sangre de la ofrenda de expiación por el pecado, una vez al año por todas las generaciones de ustedes. Santísimo es al SEÑOR."

Levítico 16:12–13

12 "Y tomará un incensario lleno de brasas de fuego de sobre el altar *que está* delante del SEÑOR, y dos puñados de incienso aromático molido, y *lo* llevará detrás del velo.

grupo que demuestre el procedimiento descrito en estos versículos.

OBSERVA

Hay dos pasajes del Nuevo Testamento que queremos ver, los cuales nos aclararán la relación entre el altar del incienso y la oración.

Líder: Lee en voz alta Lucas 1:8-11, y relata lo que Zacarías estaba haciendo cuando Dios le habló sobre el nacimiento de su hijo, Juan (el Bautista.) También lee Apocalipsis 8:3-4.
- *Marca **incienso** como lo hiciste antes.*
- *Marca **oración** con una flecha, así:* ↑
- *Coloca un reloj alrededor de cada referencia de **tiempo**.*

DISCUTE

- ¿Qué estaba haciendo Zacarías y por qué?

- ¿Qué estaba haciendo la gente al mismo tiempo?

- ¿Qué aprendiste acerca del altar del incienso y la oración en Apocalipsis 8:3-4?

- ¿Qué enseñanzas obtienes, acerca de la adoración?

13 "Pondrá el incienso sobre el fuego delante del SEÑOR, para que la nube del incienso cubra el propiciatorio que está sobre el *arca del* testimonio, no sea que *Aarón* muera.

Lucas 1:8–11

8 Pero aconteció que mientras Zacarías ejercía su ministerio sacerdotal delante de Dios según el orden *indicado* a su grupo,

9 conforme a la costumbre del sacerdocio, fue escogido por sorteo para entrar al templo del Señor y quemar incienso.

10 Toda la multitud del pueblo estaba afuera orando a la hora de la ofrenda de incienso.

¹¹ Y se le apareció a Zacarías un ángel del Señor, de pie, a la derecha del altar del incienso.

Apocalipsis 8:3-4

³ Otro ángel vino y se paró ante el altar con un incensario de oro, y se le dio mucho incienso para que *lo* añadiera a las oraciones de todos los santos sobre el altar de oro que estaba delante del trono.

⁴ De la mano del ángel subió ante Dios el humo del incienso con las oraciones de los santos.

Hebreos 7:24-25

²⁴ pero Jesús conserva Su sacerdocio inmutable (intransferible) puesto que permanece para siempre.

OBSERVA

Todas las cosas en el tabernáculo estaban hechas según el modelo de las cosas en el cielo. Por lo tanto, todas son un reflejo de la forma en que debemos adorar al Dios Santo — y un reflejo de algo más...

Líder: Lee en voz alta Hebreos 7:24-25.
- *Marca toda referencia a **Jesús** con una cruz.*
- *Coloca un reloj alrededor de cada referencia de **tiempo**.* 🕐
- *Marca **por lo cual**, un término de conclusión, con tres puntos:* ∴

DISCUTE

- ¿Qué aprendes de Jesucristo en estos versículos?

- ¿Qué aprendes al marcar las referencias de tiempo? ¿Cómo se compara esto con el tiempo que el incienso debía quemarse?

- ¿Qué ilustra para nosotros el altar del incienso, en relación a la vida y obra de nuestro Señor Jesucristo?

OBSERVA

Líder: Lee el Salmo 141:2, Apocalipsis 5:8 y 1 Tesalonicenses 5:17.
- Marca toda referencia a **oración**: ↑

- Marca toda referencia a **incienso**: ⚡
- Coloca un reloj alrededor de cada referencia de **tiempo**.

DISCUTE

- ¿Cuál es la relación entre incienso y oración, en estos versículos?

- Si los cuatro seres vivientes y los veinticuatro ancianos están postrándose delante del Cordero, ¿cómo se llama este acto?

- El versículo de 1 Tesalonicenses es un mandamiento. ¿Cómo crees que se debe obedecer este mandamiento — en términos prácticos — al transcurrir de nuestros días? ¿Ves alguna similitud entre este mandamiento, la quema de incienso, y la obra continua y actual de Jesús a la diestra del Padre?

- ¿Qué aprendes sobre la oración y la adoración en estas palabras?

25 Por lo cual El también es poderoso para salvar para siempre a los que por medio de El se acercan a Dios, puesto que vive perpetuamente para interceder por ellos.

Salmo 141:2

2 Sea puesta mi oración delante de Ti como incienso, El alzar de mis manos como la ofrenda de la tarde.

Apocalipsis 5:8

8 Cuando tomó el libro, los cuatro seres vivientes y los veinticuatro ancianos se postraron delante del Cordero. Cada uno tenía un arpa y copas de oro llenas de incienso, que son las oraciones de los santos.

1 Tesalonicenses 5:17

17 Oren sin cesar.

FINALIZANDO

¿Qué aprendiste acerca de la adoración al estudiar la mesa del pan de la presencia, el candelabro de oro y el altar del incienso? ¿Cuál de estos elementos te habló más acerca de la adoración a Dios en espíritu y en verdad?

Repasemos lo que vimos:

• *Jesús es el verdadero pan de vida.* Para adorarlo como tal, para honrar y respetar al Padre y al Hijo, ¿le estás dando a la Palabra de Dios el lugar adecuado de prioridad en tu vida? ¿Tienes tiempo para todo pero no para la Palabra de Dios? Si es así, ¿puedes decir que estás adorando a Dios en verdad? Cuando vas a adorar a la iglesia, ¿qué lugar se le da a la Palabra de Dios en el servicio?

• *Jesús es la luz verdadera.* ¿Dónde estás caminando? ¿Estás caminando como Él caminó, o estás tambaleando en la oscuridad? ¿Testifica tu andar tu temor, respeto y confianza en Dios? ¿Te muestras como un verdadero adorador de Dios?

• *Jesús es nuestro Sumo Sacerdote,* nuestro intercesor. En las circunstancias, dificultades y tentaciones de la vida, ¿tienes presente que Él está intercediendo por ti a cada momento? ¿Y tú a cambio, estás en constante comunión con Él, o encomendándole todo en oración? ¿Adoras a Dios compartiendo todo con Él, buscando su ayuda y dirección? ¿Está Él siempre en tu mente?

¿Estás caminando diariamente el camino del sacerdote? Según tu estudio de esta semana, ¿qué cambios, si hubiera alguno, te ha mostrado Dios que necesitas hacer en tu vida?

Líder: Discute con tu grupo la manera en que la mesa del pan de la presencia, el candelabro de oro y el altar del incienso, se relacionan con una vida de verdadera adoración. Tal vez quieran "orar su camino a través del tabernáculo", adorando a Dios al darle gracias por ser la luz, el pan de vida, y quien siempre está intercediendo por nosotros.

La semana pasada viste que el mobiliario del lugar santo nos da una preciosa ilustración de la obra de Jesucristo y de cómo debemos adorar a nuestro Dios Santo.

- Jesús es el pan de vida, y nosotros debemos alimentarnos de Su Palabra.

- Jesús es la luz, y nosotros debemos andar en Su luz como hijos de luz en este mundo, a fin de que los hombres puedan ver nuestras buenas obras y glorificar al Padre en los cielos.

- Jesús es nuestro intercesor, quien está siempre orando por nosotros. No hay prueba, sufrimiento, o tentación que no podamos enfrentar, porque Su intercesión nos sostiene y nos muestra Su "vía de escape". Y de la manera que el incienso del altar se quemaba perpetuamente, así también nosotros debemos orar sin cesar, ofreciendo continuamente un aroma grato del incienso de nuestras oraciones.

Esto, amado de Dios, es una parte integral de la adoración.

Esta semana vamos a aprender acerca de la parte más santa del tabernáculo, el Lugar Santísimo. Ahí era donde Dios moraba, como hemos visto, en la nube de Su presencia. Este sería el lugar donde el hombre y Dios se encontrarían y tendrían comunión. Dios descendería a este lugar específico y hablaría con el hombre.

¡Qué Dios! Nosotros no podíamos ir a Él, así que Él descendió a nosotros, para estar con nosotros.

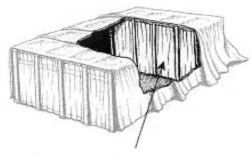

El Velo

OBSERVA

Mira el dibujo del tabernáculo para ver la colocación del velo. Al hacerlo, recuerda que todo esto fue hecho de acuerdo al modelo del verdadero tabernáculo celestial.

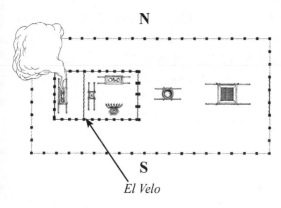

N

S

El Velo

Líder: Lee Éxodo 26:31-33.
  • *Pide que el grupo marque cada vez que se menciona el **velo**.*

DISCUTE
• ¿Qué aprendes al marcar las referencias al velo?

Éxodo 26:31-33

[31] "Harás además un velo de *tela* azul, púrpura y escarlata, y de lino fino torcido. Será hecho con querubines, obra de hábil artífice.

[32] "Lo colgarás sobre cuatro columnas de acacia revestidas de oro. Sus ganchos *serán también de* oro, sobre cuatro basas de plata.

[33] "Colgarás el velo debajo de los broches, y pondrás allí, detrás del velo, el arca del testimonio. El velo les servirá como división entre el lugar santo y el Lugar Santísimo.

• ¿Cuál fue el propósito del velo?

• ¿Qué mobiliario había a cada lado del velo, en el tabernáculo de reunión?

Hebreos 10:19-20

¹⁹ Entonces, hermanos, puesto que tenemos confianza para entrar al Lugar Santísimo por la sangre de Jesús,

²⁰ por un camino nuevo y vivo que El inauguró para nosotros por medio del velo, es decir, Su carne,

OBSERVA

Cada pieza del mobiliario en el tabernáculo era un símbolo de Jesucristo. Entonces, ¿qué nos ilustra el velo?

Líder: Lee Hebreos 10:19-20. En este pasaje verás que a veces el Santísimo se refiere al "Lugar Santo".
  • *Marca toda referencia a **Jesús** con una cruz.*
  • *También marca toda referencia al **velo**.*

DISCUTE

• De acuerdo a Hebreos 10, ¿qué representa el velo?

• Cuando entramos a través del velo, ¿a dónde entramos? ¿Cómo entramos allí?

• ¿Qué clase de camino es éste?

Para entender por qué es un camino nuevo y vivo, debemos iniciar nuestro estudio del arca del pacto y luego, del Día de Expiación, Yom Kippur.

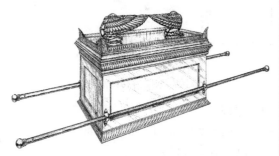

Arca del Pacto y el Propiciatorio

OBSERVA

Mira el dibujo del tabernáculo en la página 59 y nota dónde estaba situada el arca del pacto, en el tabernáculo de reunión.

En la parte superior del arca estaba el propiciatorio que tenía encima dos querubines de oro, uno a cada extremo.

Líder: Lee en voz alta Éxodo 25:10-15, 17-22.

- *Marca cada referencia a Dios (yo, me, hablaré, he) con un triángulo, ya que Dios es quien habla en estos versículos.*
- *Marca toda referencia del arca con un rectángulo.*
- *Marca toda referencia a propiciatorio con puntos que representen sangre, como estos: propiciatorio.*

Éxodo 25:10–15, 17–22

¹⁰ "Harán también un arca de madera de acacia. Su longitud *será* de 1.12 metros, su anchura de 68 centímetros, y su altura de 68 centímetros.

¹¹ "La revestirás de oro puro. Por dentro y por fuera la revestirás, y harás una moldura de oro alrededor de ella.

¹² "Además fundirás para ella cuatro argollas de oro, y las pondrás en sus cuatro esquinas, dos argollas a un lado de ella y dos argollas al otro lado.

¹³ "También harás varas de madera de acacia y las revestirás de oro.

¹⁴ "Meterás las varas por las argollas a los lados del arca, para llevar el arca con ellas.

¹⁵ "Las varas permanecerán en las argollas del arca. No serán quitadas de ella.

¹⁷ "Harás además un propiciatorio de oro puro. Su longitud *será* de 1.12 metros, y su anchura de 68 centímetros.

¹⁸ "Harás también dos querubines de oro. Los harás de oro labrado a martillo, en los dos extremos del propiciatorio.

¹⁹ "Harás un querubín en un extremo y el otro en el otro extremo. Harás el propiciatorio con los

Arca del Pacto (Testimonio)

DISCUTE

• ¿Qué aprendes al marcar las referencias al arca del pacto?

• Las argollas en el arca eran para sostener las varas, con las que los sacerdotes transportarían el arca del pacto. ¿Cuándo deberían estar las varas en las argollas?

• ¿Qué aprendes acerca del propiciatorio?

• ¿Qué aprendes de marcar las referencias a Dios?

• ¿Debía de estar vacía el arca?

OBSERVA

Nuestro próximo pasaje nos dirá qué se debía poner en el arca del pacto.

Líder: Lee Hebreos 9:3-4 reimpreso en la página 58.
- *Marca toda referencia al **arca**.*
- *También marca toda referencia al **velo**.*

ACLARACIÓN

En Hebreos 9:4, la palabra *altar* en griego es literalmente "incensario". El incensario de oro era introducido en el Lugar Santísimo el día de expiación. Si no se tomaba el incienso del altar del incienso en el lugar santo, y era llevado al Lugar Santísimo, el sacerdote moría. Éxodo 31:11 y Levítico 16:12-13 aclaran que el altar del incienso estaba en el lugar santo enfrente del velo.

DISCUTE

En Éxodo lees que ciertas cosas se colocaban dentro del arca del pacto.

- ¿Dónde estaba colocada el arca del pacto?

- De acuerdo a este pasaje en Hebreos, ¿qué se colocaba en el arca del pacto? Pide al grupo enumere estas tres cosas en el texto con los números 1, 2, 3.

querubines en sus dos extremos *de una sola pieza.*

[20] "Los querubines tendrán extendidas las alas hacia arriba, cubriendo el propiciatorio con sus alas, uno frente al otro. Los rostros de los querubines estarán *vueltos* hacia el propiciatorio.

[21] "Pondrás el propiciatorio encima del arca, y en el arca pondrás el testimonio que Yo te daré.

[22] "Allí me encontraré contigo, y de sobre el propiciatorio, de entre los dos querubines que están sobre el arca del testimonio, te hablaré acerca de todo lo que he de darte por mandamiento para los Israelitas.

Hebreos 9:3–4

³ Y detrás del segundo velo *había* un tabernáculo llamado el Lugar Santísimo,

⁴ el cual tenía el altar de oro del incienso y el arca del pacto cubierta toda de oro, en la cual *había* una urna de oro que contenía el maná y la vara de Aarón que retoñó y las tablas del pacto.

Levítico 16:11–17

¹¹ "Entonces Aarón ofrecerá el novillo de la ofrenda por el pecado, que es por sí mismo, y hará expiación por sí mismo y por su casa, y degollará el novillo de la ofrenda por el pecado hecha por sí mismo.

¹² "Y tomará un incensario lleno de brasas de fuego

OBSERVA

El sumo sacerdote entraba al Lugar Santísimo una vez al año en Yom Kippur, el Día de Expiación. Esto sucedía en el décimo día del mes séptimo del calendario judío. Aunque este día tan sagrado es celebrado por el pueblo judío alrededor de todo el mundo, pero no se celebra en la forma descrita en Levítico 16, simplemente porque no tienen un templo — ¡todavía!

Líder: Lee al grupo Levítico 16:11-17.
- *Marca toda referencia a **propiciatorio** tal como antes.*
- *Subraya toda referencia a **Aarón**.*
- *Marca **sangre**, así: sangre*
- *Marca toda referencia a pecado con una **P**.*
- *Marca **expiación** con un medio círculo*
- *Coloca un reloj sobre toda referencia de tiempo.*

DISCUTE

- ¿Qué hacía Aarón para sí mismo en los versículos 11-14? Discute el procedimiento o pídele a alguien que dramatice lo que el sacerdote hacía en el Día de Expiación, con respecto al propiciatorio.

• ¿Según los versículos 15-17, Aarón como sumo sacerdote, qué hacía por el pueblo?

• ¿Qué aprendes al marcar expiación? Asegúrate que ves por qué era necesaria la expiación, para quién, y cómo se hacía.

• ¿Cubría esta ceremonia, o hacía expiación para las personas de todas las épocas? ¿Cómo lo sabes según el texto?

• ¿Había alguien más con el sumo sacerdote en el Lugar Santísimo, o en la tienda de reunión, cuando él hacía esto en el día de expiación?

OBSERVA

¿Qué hizo Jesús como nuestro Sumo Sacerdote?

de sobre el altar *que está* delante del SEÑOR, y dos puñados de incienso aromático molido, y *lo* llevará detrás del velo.

13 "Pondrá el incienso sobre el fuego delante del SEÑOR, para que la nube del incienso cubra el propiciatorio que está sobre el *arca del* testimonio, no sea que *Aarón* muera.

14 "Tomará además de la sangre del novillo y *la* rociará con su dedo en el *lado* oriental del propiciatorio; también delante del propiciatorio rociará de la sangre siete veces con su dedo.

15 "Después degollará el macho cabrío de la ofrenda por el pecado que

es por el pueblo, y llevará su sangre detrás del velo y hará con ella como hizo con la sangre del novillo, y la rociará sobre el propiciatorio y delante del propiciatorio.

16 "Hará, pues, expiación por el lugar santo a causa de las impurezas de los Israelitas y a causa de sus transgresiones, por todos sus pecados; así hará también con la tienda de reunión que permanece con ellos en medio de sus impurezas.

17 "Cuando *Aarón* entre a hacer expiación en el lugar santo, nadie estará en la tienda de reunión hasta que él salga, para que haga expiación por sí mismo, por su casa y por toda la asamblea de Israel.

Líder: Lee en voz alta Hebreos 9:11-12, 24-25.
- *Marca toda referencia a **Cristo** (Mesías) con una cruz.*
- *Marca **sangre** tal como hiciste antes.*
- *Coloca un reloj sobre toda referencia de **tiempo**.*

DISCUTE
- ¿Qué aprendes al marcar las referencias a Jesucristo?

- ¿A dónde entró Jesús? ¿Cómo entró?

- ¿Qué obtuvo Él a través del sacrificio de sí mismo? ¿Por cuánto tiempo?

- Cuando lees todo esto, ¿te hace desear postrarte ante Él para alabarle, adorarle, y entregarte completamente?

OBSERVA

Líder: Lee en voz alta Hebreos 2:17 y 1 Juan 2:1-2.

- *Marca toda referencia a **Jesucristo**, nuestro Sumo Sacerdote, con una cruz.*
- *Marca **propiciación** de la manera en que marcaste "expiación".*
- *Marca **pecado**.*

ACLARACIÓN

La palabra griega que se traduce *propiciación* en 1 Juan 2:2 es *Ihlasmós*. Significa la forma como el pecado es cubierto y remitido. Ya que Jesús pudo pagar completamente por todos nuestros pecados, la santidad de Dios ha sido satisfecha. Jesús es nuestra "propiciación" — la propiciación por nuestros pecados — la paga completa, que es suficiente para todas las épocas.

DISCUTE

- ¿Qué hizo Jesús en relación a nuestros pecados?

- ¿Qué llegó a ser Jesús para nosotros delante del Padre?

Hebreos 9:11–12, 24–25

11 Pero cuando Cristo apareció *como* Sumo Sacerdote de los bienes futuros, a través de un mayor y más perfecto tabernáculo, no hecho con manos, es decir, no de esta creación,

12 entró al Lugar Santísimo una vez para siempre, no por medio de la sangre de machos cabríos y de becerros, sino por medio de Su propia sangre, obteniendo redención eterna.

24 Porque Cristo (el Mesías) no entró en un lugar santo hecho por manos, una representación del verdadero, sino en el cielo mismo, para presentarse ahora en la presencia de Dios por nosotros,

²⁵ y no para ofrecerse a sí mismo muchas veces, como el sumo sacerdote entra al Lugar Santísimo cada año con sangre ajena.

Hebreos 2:17

¹⁷ Por tanto, tenía que ser hecho semejante a Sus hermanos en todo, a fin de que llegara a ser un sumo sacerdote misericordioso y fiel en las cosas que a Dios atañen, para hacer propiciación por los pecados del pueblo.

1 Juan 2:1–2

¹ Hijitos míos, les escribo estas cosas para que no pequen. Y si alguien peca, tenemos Abogado (Intercesor) para con el Padre, a Jesucristo el Justo.

• ¿Los pecados de quién propició (pagó) Jesús, según estos versículos?

• ¿Son éstas, buenas noticias? ¿El conocer esto no despierta en ti el deseo de adorarlo—de postrarte ante Él, con acción de gracias por tener estas buenas noticias para dar a un mundo perdido? Hay perdón para aquellos que creen.

OBSERVA

¿No es esto asombroso? Pero espera, ¡aún hay más!

Líder: Lee en voz alta Mateo 27:51 y Hebreos 10:19-23.
- *Marca toda referencia a **Jesús**.*
- *Marca toda referencia al **velo**.*
- *Haz un círculo en toda referencia a **los hermanos**.*

Los versículos de Mateo son un relato de la crucifixión de Jesús, y los versículos de Hebreos explican el significado de lo que le pasó al velo cuando Jesús murió.

ACLARACIÓN

Josefo, un historiador judío, escribió que el velo del templo era tan grueso, que se requeriría de dos yuntas de bueyes tirando en direcciones opuestas para rasgarlo. Es interesante notar que se nos dice que el velo fue rasgado de arriba hacia abajo y no al contrario.

DISCUTE

Al comienzo de la lección de esta semana, vimos en Hebreos 10:20 que el velo era una ilustración de la carne de Jesús.

• Si el arca del pacto representaba el trono de Dios, y el velo en el tabernáculo y en el templo no permitía al sacerdote entrar al Lugar Santísimo excepto en el día de expiación, ¿qué nos quiso decir Dios, al rasgar el velo en dos, de arriba hacia abajo?

• En Juan 14:6 Jesús dice que Él es el camino, la verdad y la vida, y que nadie viene al Padre si no es por Él. ¿Cómo se apoya esta declaración en la ilustración del velo rasgado en dos?

2 El mismo es la propiciación por nuestros pecados, y no sólo por los nuestros, sino también por *los* del mundo entero.

Mateo 27:51

51 En ese momento el velo del templo se rasgó en dos, de arriba abajo, y la tierra tembló y las rocas se partieron;

Hebreos 10:19–23

19 Entonces, hermanos, puesto que tenemos confianza para entrar al Lugar Santísimo por la sangre de Jesús,

20 por un camino nuevo y vivo que Él inauguró para nosotros por medio del velo, es decir, Su carne,

²¹ y puesto que *tenemos* un gran Sacerdote sobre la casa de Dios,

• ¿Qué significa todo esto para nosotros — los hermanos?

²² acerquémonos con corazón sincero (verdadero), en plena certidumbre de fe, teniendo nuestro corazón purificado de mala conciencia y nuestro cuerpo lavado con agua pura.

• ¿Como hijo de Dios, a qué lugar se te es permitido entrar, que ni aún el sumo sacerdote entra, excepto en el Día de Expiación? ¿Por qué se te permite tan grande privilegio? Saber esto, ¿qué te provoca?

²³ Mantengamos firme la profesión de nuestra esperanza sin vacilar, porque fiel es Aquél que prometió.

• ¿Cómo se relaciona Hebreos 10:21-22 con lo que has aprendido acerca del tabernáculo y la adoración?

FINALIZANDO

Debido a la obra consumada del Señor Jesucristo, has sido limpiado de una vez y para siempre, y ahora puedes entrar a la misma habitación del trono de Dios y encontrar gracia en el tiempo de necesidad.

¿Qué más podría uno pedir? No hay privilegio más grande que tener acceso, sin intermediarios, al trono del Dios Altísimo; a través de Su Hijo unigénito, quien te ama tanto que entregó Su vida por ti, aún cuando eras un pecador, sin esperanza, impío — enemigo de Dios.

¡Qué más podrías hacer delante de Él, sino el venir en adoración, presentándote como un sacrificio vivo — santo, aceptable a Dios — que no es otra cosa que tu culto racional!

Amado de Dios, finaliza con estas verdades en oración, adorando al Señor, dándole gracias y alabándole por todo lo que has aprendido, y por lo que esto significa en lo personal para ti.

Y mientras los otros oran, si tú no has recibido a Jesucristo como tu Señor — ahora es el tiempo de arrepentirte, de tener un cambio de mente, ¿quieres hacerlo? ¿Crees en el Señor Jesucristo quien ganó una salvación tan grande para ti? ¿Quieres nacer de nuevo — nacer de arriba — nacer dentro de la familia eterna de Dios? si es así, simplemente dile a Dios que crees y que quieres llegar a ser Su hijo. Sus brazos están abiertos — tan abiertos como una cruz.

MaTeo 27

Teniendo, pues, un gran Sumo Sacerdote que
traspasó los cielos,
Jesús, el Hijo de Dios, retengamos nuestra fe.

Porque no tenemos un sumo sacerdote que no pueda
compadecerse de nuestras flaquezas,
sino uno que ha sido tentado en todo
como nosotros, pero sin pecado.
Por tanto, acerquémonos con confianza al trono de la gracia
para que recibamos misericordia,
y hallemos gracia para la ayuda oportuna.
HEBREOS 4:14-16

El pueblo de Israel adoraba a Dios al guardar las fiestas y traer sus sacrificios al templo en Jerusalén — pero eso era antes que Jesús viniera a ser el mediador de un Nuevo Pacto. ¿Cómo — y dónde — están aquellos que ahora son miembros del cuerpo de Cristo, para adorar a Dios? ¿Cómo debe ser nuestra adoración a Dios? ¿Qué forma debe tener?

Esto es lo que veremos en nuestra última semana de estudio.

OBSERVA

Nuestro primer pasaje de esta semana incluye una referencia a la mujer samaritana. Los samaritanos eran descendientes de los judíos que se habían casado con sus captores asirios después que el reino del norte fue conquistado en el año 722 a. C. Estos judíos en particular, fueron dejados a un lado por los asirios, porque no los consideraron de suficiente valor como para ser llevados a casa como botín de guerra.

En los días de Jesús, los judíos odiaban a los samaritanos, quienes eran considerados sólo medio hermanos. Parte judíos y parte gentiles, los samaritanos no podían probar su ascendencia o genealogía israelita. Los judíos los evitaban a toda costa, y por lo tanto no viajaban a través de Samaria, la cual quedaba entre Jerusalén y Galilea.

Así, los samaritanos después de ser rechazados por los judíos, establecieron su propio templo y servicios religiosos en el Monte Gerisim.

Jesús y Sus discípulos podrían haber tomado otras rutas a Galilea desde Jerusalén, pero Jesús escogió pasar directamente a través de Samaria. Mientras Sus discípulos fueron a una ciudad a buscar algo de comer, Jesús esperó en el pozo de Jacob a que regresaran. En tanto que esperaba en el pozo, una mujer de Samaria vino a sacar agua. Jesús sabía más acerca de ella, de lo que ella misma podría imaginar.

Al acercarse al pozo, Jesús le pidió que le diera de beber.

Juan 4:9–29

9 Entonces la mujer Samaritana Le dijo: "¿Cómo es que Tú, siendo Judío, me pides de beber a mí, que soy Samaritana?" (Porque los Judíos no tienen tratos con los Samaritanos.)

10 Jesús le respondió: "Si tú conocieras el don de Dios, y quién es el que te dice: 'Dame de beber,' tú Le habrías pedido a El, y El te hubiera dado agua viva."

11 Ella Le dijo: "Señor, no tienes con qué sacarla, y el pozo es hondo; ¿de dónde, pues, tienes esa agua viva?

12 "¿Acaso eres Tú mayor que nuestro padre Jacob, que nos dio el pozo

Líder: Lee en voz alta Juan 4:9-29. Al hacerlo, pídele al grupo que preste especial atención a lo que se transmite en estos versículos — el ambiente tenso desde el comienzo de su encuentro.

- *Marca toda referencia al **agua** que Jesús da:* ‿‿‿
- *Marca toda referencia a adoración con una A.*

ACLARACIÓN

La referencias a la palabra *adoración*, en este pasaje, es la traducción de la palabra griega *proskunéo*. Significa besar la mano, caer de rodillas o postrarse en el suelo. También podría significar expresar respeto o mostrar obediencia, honor o reverencia a una divinidad.

DISCUTE

Líder: Estas preguntas son simplemente para apoyarte a comenzar una discusión que ayudará al grupo a ver lo que significa adorar a Dios en espíritu y en verdad. Úsalas en la medida que se adapten a tu grupo.

- ¿Qué aprendes al marcar adoración? (Revisa los versículos uno por uno).

- Cuando Jesús mencionó el agua que saciaría su sed, ¿en qué se estaba enfocando la mujer samaritana? ¿En qué clase de agua pensaba?

- ¿De qué estaba hablando Jesús cuando mencionó el agua viva? ¿Era literal o espiritual?

- Cuando la mujer y Jesús hablaron acerca de la adoración, ¿estaba la mujer samaritana pensando en la adoración física o en la espiritual? ¿Cómo lo sabes?

- ¿A qué tiempo crees que Jesús se estaba refiriendo cuando dijo que la hora viene cuando el Padre no sería adorado en Gerisim ni en Jesuralén? Jesús sabía que

del cual bebió él mismo, y sus hijos, y sus ganados?"

13 Jesús le respondió: "Todo el que beba de esta agua volverá a tener sed,

14 pero el que beba del agua que Yo le daré, no tendrá sed jamás, sino que el agua que Yo le daré se convertirá en él en una fuente de agua que brota para vida eterna."

15 "Señor," Le dijo la mujer, "dame esa agua, para que no tenga sed ni venga hasta aquí a sacar*la*."

16 Jesús le dijo: "Ve, llama a tu marido y ven acá."

17 "No tengo marido," respondió la mujer. Jesús le

dijo: "Bien has dicho: 'No tengo marido,'

¹⁸ porque cinco maridos has tenido, y el que ahora tienes no es tu marido; en eso has dicho la verdad."

¹⁹ La mujer Le dijo: "Señor, me parece que Tú eres profeta.

²⁰ "Nuestros padres adoraron en este monte, y ustedes dicen que en Jerusalén está el lugar donde se debe adorar."

²¹ Jesús le dijo: "Mujer, cree lo que te digo: la hora viene cuando ni en este monte ni en Jerusalén adorarán ustedes al Padre.

²² "Ustedes adoran lo que no conocen; nosotros adoramos

el velo se partiría en dos — que habría una forma nueva y viva de entrar al lugar santo para adorar a Dios. También sabía (y lo prediciría) acerca de la destrucción del templo de Jerusalén. Esto ocurrió en el año 70 d.C., y no ha habido un templo desde entonces. Así que, ¿dónde y cómo adorarían?

• En el contexto de este relato, ¿qué crees que significa adorar a Dios en espíritu? ¿Estaba la mujer samaritana adorando a Dios en espíritu? ¿Dónde estaba su enfoque?

• Si los samaritanos no iban a Jerusalén para adorar en el templo, en la forma que Dios ordenó bajo el Antiguo Pacto, ¿estaban adorándolo en verdad? (Por ejemplo, Dios había dado instrucciones específicas de que el templo debería ser construido en Jerusalén. Los samaritanos escogieron el Monte Gerisim porque reconocían sólo la Tora-los primeros cinco libros de la

Biblia- como Palabra de Dios; mientras que los judíos aceptaban todo el canon hebreo que nosotros conocemos como Antiguo Testamento).

• Bajo el Nuevo Pacto, ¿ha establecido Dios para nosotros, como creyentes en Jesucristo, un método de adoración? ¿Ha establecido un lugar? De acuerdo a estos versículos de Juan 4, ¿cómo debemos adorar a Dios adecuadamente?

• De acuerdo a Juan 4:24, ¿qué es Dios?

• ¿Qué crees que significa adorar a Dios en verdad? ¿Dónde encuentra alguien la verdad?

OBSERVA

La adoración no es un asunto de ritos externos, sino del espíritu — no es un asunto del cuerpo o del alma — aunque ambos han de participar en la adoración; al contrario, la verdadera adoración compromete al espíritu del hombre.

lo que conocemos, porque la salvación viene de los Judíos.

23 "Pero la hora viene, y ahora es, cuando los verdaderos adoradores adorarán al Padre en espíritu y en verdad; porque ciertamente a los tales el Padre busca que Lo adoren.

24 "Dios es espíritu, y los que Lo adoran deben adorar en espíritu y en verdad."

25 La mujer Le dijo: "Sé que el Mesías viene (el que es llamado Cristo); cuando El venga nos declarará todo."

26 Jesús le dijo: "Yo soy, el que habla contigo."

27 En esto llegaron Sus discípulos y se

admiraron de que hablara con una mujer, pero ninguno Le preguntó: "¿Qué tratas de averiguar?" o: "¿Por qué hablas con ella?"

²⁸ Entonces la mujer dejó su cántaro, fue a la ciudad y dijo a los hombres:

²⁹ "Vengan, vean a un hombre que me ha dicho todo lo que yo he hecho. ¿No será éste el Cristo (el Mesías)?"

Filipenses 3:2–3

² Cuídense de esos perros (de los Judaizantes), cuídense de los malos obreros, cuídense de la falsa circuncisión.

³ Porque nosotros somos la *verdadera* circuncisión, que

En Filipenses 3:2-3, Pablo contrasta la circuncisión falsa, que es de la carne — el rito externo — con la circuncisión verdadera, la del corazón, que se promete en el Nuevo Pacto en Jeremías 31.

*Líder: Lee en voz alta Filipenses 3:2-3. Marca la palabra **adoramos**.*

DISCUTE

• ¿Qué se contrasta en los versículos 2 y 3?

• En el versículo 3, ¿ves el contraste entre la adoración en el Espíritu de Dios, gloriarse en Cristo Jesús y dónde poner tu confianza?

• Cuando personalmente adoras a Dios, ¿en qué pones tu confianza? ¿Es en la carne — los sentimientos y las experiencias de la carne, la condición de la carne — o en tu corazón, en el ser interior que quiere honrar a Dios como Dios, respetarlo, obedecerlo — tener comunión con Él?

OBSERVA

¿Has notado lo vital que es la verdad en la vida de un hijo de Dios? Ser veraces con nosotros mismos — hablar la verdad en amor unos con otros — andar en la verdad — contendiendo firmemente por la fe, la verdad; adorando a Dios en verdad.

Líder: Lee Juan 17:15-19, una porción de la oración que Jesús oró al salir del Aposento Alto camino a Getsemaní. Su hora había llegado como el Cordero de Dios que quita el pecado del mundo. Ahora su preocupación eran los que creen en Su nombre.

* *Marca las palabras **santifícalos** y **santificados** con una nube.*
* *Subraya **verdad** cada vez que aparezca.*

DISCUTE

* ¿Qué aprendes al marcar las referencias a verdad?

* ¿Cómo somos santificados (hechos santos, apartados, consagrados a Dios)?

* A la luz de lo que has observado, ¿qué tan importante es la verdad?

* ¿Qué tan crucial es la verdad si vas a adorar a Dios apropiadamente? ¿Puedes dar algunos ejemplos o ilustraciones?

adoramos en el Espíritu de Dios y nos gloriamos en Cristo Jesús, no poniendo la confianza en la carne,

Juan 17:15–19

¹⁵ "No Te ruego que los saques del mundo, sino que los guardes del (poder del) maligno (del mal).

¹⁶ "Ellos no son del mundo, como tampoco Yo soy del mundo.

¹⁷ "Santifícalos en la verdad; Tu palabra es verdad.

¹⁸ "Como Tú Me enviaste al mundo, Yo también los he enviado al mundo.

¹⁹ "Y por ellos Yo Me santifico, para que ellos también sean santificados en la verdad.

Marcos 7:6–9, 13

⁶ Jesús les respondió: "Bien profetizó Isaías de ustedes, hipócritas, como está escrito: 'ESTE PUEBLO CON LOS LABIOS ME HONRA, PERO SU CORAZON ESTA MUY LEJOS DE MI.

⁷ 'MAS EN VANO ME RINDEN CULTO, ENSEÑANDO COMO DOCTRINAS PRECEPTOS DE HOMBRES.'

⁸ "Dejando el mandamiento de Dios, ustedes se aferran a la tradición de los hombres."

⁹ También les decía: "Astutamente ustedes violan el mandamiento de Dios para guardar su tradición.

OBSERVA

Líder: Lee Marcos 7:6-9, 13.

- *Encierra en un círculo toda referencia a **pueblo** incluyendo los pronombres **su, os, les, vuestra.***
- *Marca toda referencia a **adoración**.*
- *Marca la palabra **tradición** con una **T**.*
- *Marca toda referencia al **mandamiento de Dios** y a la **palabra de Dios** de esta forma:*

DISCUTE

Líder: Una vez más, escoge preguntas que provoquen una discusión, cubran el contenido del texto, y que ayuden al grupo a ver la importancia de adorar a Dios en verdad.

- ¿Qué aprendes al marcar las referencias a pueblo?

- ¿Qué aprendes al marcar tradición y la palabra y el mandamiento de Dios?

- ¿Qué aprendes de su adoración a Dios?

- ¿Cómo invalidaba el pueblo la Palabra de Dios?

• ¿Puedes ver alguna forma en la que esto esté ocurriendo hoy?

• ¿Hacia donde orienta sus pasos, la gente de hoy en día? ¿Están ellos enfocados en lo emocional, lo sensacional, lo experimental, los testimonios y enseñanzas de última hora, o en la enseñanza clara y sistemática de la Palabra de Dios? ¿Por qué piensas que esto es así? ¿Cómo estas tendencias afectan su adoración?

¹³ invalidando *así* la palabra de Dios por la tradición de ustedes, la cual han transmitido, y hacen muchas cosas semejantes a éstas."

• ¿Has evaluado alguna vez la manera en que adoras a Dios — los cantos de adoración, la forma de acercarte a Dios en oración, las cosas que demandas en oración, la forma como te vistes, la forma como tratas a la gente, la forma como te comportas, las normas que sigues — a la luz del carácter de Dios y todo el consejo de Su Palabra? ¿Qué tan crítico es todo esto para comenzar una verdadera adoración a Dios?

• Si vamos a adorar a Dios en verdad, ¿qué tan deseosos crees que debemos estar para aferrarnos a la integridad de la Palabra de Dios en nuestra adoración colectiva?

FINALIZANDO

El enemigo de nuestra alma hará cualquier cosa para evitar que adoremos a Dios en espíritu y en verdad. Él le ofreció a Jesús todos los reinos de este mundo si tan sólo se postraba y lo adoraba (Mateo 4:8-10).

¡Necesitamos cuidarnos de las sutilezas de la prosperidad y de la facilidad, que pueden hacernos olvidar la grandeza de nuestro Dios y de una salvación tan grande que Él nos ha forjado! Cuando olvidamos esto, nuestra adoración se volverá mecánica, al igual que la del pueblo de Israel. Aunque fueron explícitamente advertidos por Moisés en Deuteronomio 6:10-15, ellos adoraron a Dios sólo con sus labios, mientras sus corazones estaban lejos de Él.

Cuando Jesús fue tentado por el diablo, Él le recordó una vez más a Satanás la verdad registrada en este pasaje de Deuteronomio cuando dijo: "Escrito está: al Señor tu Dios adorarás, y a Él sólo servirás" (Mateo 4:10).

Los verdaderos adoradores adoran al Padre en espíritu y en verdad. Recuerda que el Padre está buscando gente así. Espero que te encuentres entre ellos. Adóralo... en espíritu y verdad... en la hermosura de Su santidad. Que tu hablar, tu conducta, tu carácter, tu forma de vestir, toda tu apariencia testifique que eres un verdadero adorador del único Dios verdadero.

Adorad al SEÑOR en vestiduras santas;
temblad ante su presencia, toda la tierra.
Decid entre las naciones: El SEÑOR reina;
ciertamente el mundo está bien afirmado, será inconmovible;
Él juzgará a los pueblos con equidad.
Alégrense los cielos y regocíjese la tierra;
ruja el mar y cuanto contiene;
gócese el campo y todo lo que en él hay.

*Entonces todos los árboles del bosque cantarán con gozo
delante del SEÑOR, porque Él viene;
porque Él viene a juzgar la tierra:
juzgará al mundo con justicia
y a los pueblos con su fidelidad.*

SALMO *96:9-13*

Esta singular serie de estudios bíblicos del equipo de enseñanza de Ministerios Precepto Internacional, aborda temas con los que luchan las mentes investigadoras; y lo hace en breves lecciones muy fáciles de entender e ideales para reuniones de grupos pequeños. Estos cursos de estudio bíblico, de la serie 40 minutos, pueden realizarse siguiendo cualquier orden. Sin embargo, a continuación te mostramos una posible secuencia a seguir:

¿Cómo Sabes que Dios es Tu Padre?

Muchos dicen: "Soy cristiano"; pero, ¿cómo pueden saber si Dios realmente es su Padre—y si el cielo será su futuro hogar? La epístola de 1 Juan fue escrita con este propósito—que tú puedas saber si realmente tienes la vida eterna. Éste es un esclarecedor estudio que te sacará de la oscuridad y abrirá tu entendimiento hacia esta importante verdad bíblica.

Cómo Tener una Relación Genuina con Dios

A quienes tengan el deseo de conocer a Dios y relacionarse con Él de forma significativa, Ministerios Precepto abre la Biblia para mostrarles el camino a la salvación. Por medio de un profundo análisis de ciertos pasajes bíblicos cruciales, este esclarecedor estudio se enfoca en dónde nos encontramos con respecto a Dios, cómo es que el pecado evita que lo conozcamos y cómo Cristo puso un puente sobre aquel abismo que existe entre los hombres y su SEÑOR.

Ser un Discípulo: Considerando Su Verdadero Costo

Jesús llamó a Sus seguidores a ser discípulos. Pero el discipulado viene con un costo y un compromiso incluido. Este estudio da una mirada inductiva a cómo la Biblia describe al discípulo, establece las características de un seguidor de Cristo e invita a los estudiantes a aceptar Su desafío, para luego disfrutar de las eternas bendiciones del discipulado.

¿Vives lo que Dices?

Este estudio inductivo de Efesios 4 y 5, está diseñado para ayudar a los estudiantes a que vean, por sí mismos, lo que Dios dice respecto al estilo de vida de un verdadero creyente en Cristo. Este estudio los capacitará para vivir de una manera digna de su llamamiento; con la meta final de desarrollar un andar diario con Dios, caracterizado por la madurez, la semejanza a Cristo y la paz.

Viviendo Una Vida de Verdadera Adoración

La adoración es uno de los temas del cristianismo peor entendidos; y este estudio explora lo que la Biblia dice acerca de la adoración: ¿qué es? ¿Cuándo sucede? ¿Dónde ocurre? ¿Se basa en las emociones? ¿Se limita solamente a los domingos en la iglesia? ¿Impacta la forma en que sirves al SEÑOR? Para éstas, y más preguntas, este estudio nos ofrece respuestas bíblicas novedosas.

Descubriendo lo que Nos Espera en el Futuro

Con todo lo que está ocurriendo en el mundo, las personas no pueden evitar cuestionarse respecto a lo que nos espera en el futuro. ¿Habrá paz alguna vez en la tierra? ¿Cuánto tiempo vivirá el mundo bajo la amenaza del terrorismo? ¿Hay un horizonte con un solo gobernante mundial? Esta fácil guía de estudio conduce a los lectores a través del importante libro de Daniel; libro en el que se establece el plan de Dios para el futuro.

Cómo Tomar Decisiones Que No Lamentarás

Cada día nos enfrentamos a innumerables decisiones; y algunas de ellas pueden cambiar el curso de nuestras vidas para siempre. Entonces, ¿a dónde acudes en busca de dirección? ¿Qué debemos hacer cuando nos enfrentamos a una tentación? Este breve estudio te brindará una práctica y valiosa guía, al explorar el papel que tiene la Escritura y el Espíritu Santo en nuestra toma de decisiones.

Dinero y Posesiones: La Búsqueda del Contentamiento

Nuestra actitud hacia el dinero y las posesiones reflejará la calidad de nuestra relación con Dios. Y, de acuerdo con las Escrituras, nuestra visión del dinero nos muestra dónde está descansando nuestro verdadero amor. En este estudio, los lectores escudriñarán las Escrituras para aprender de dónde proviene el dinero, cómo se supone que debemos manejarlo y cómo vivir una vida abundante, sin importar su actual situación financiera.

Cómo puede un Hombre Controlar Sus Pensamientos, Deseos y Pasiones

Este estudio capacita a los hombres con la poderosa verdad de que Dios ha provisto todo lo necesario para resistir la tentación; y lo hace, a través de ejemplos de hombres en las Escrituras, algunos de los cuales cayeron en pecado y otros que se mantuvieron firmes. Aprende cómo escoger el camino de pureza, para tener la plena confianza de que, a través del poder del Espíritu Santo y la Palabra de Dios, podrás estar algún día puro e irreprensible delante de Dios.

Viviendo Victoriosamente en Tiempos de Dificultad

Vivimos en un mundo decadente poblado por gente sin rumbo, y no podemos escaparnos de la adversidad y el dolor. Sin embargo, y por alguna razón, los difíciles tiempos que se viven actualmente son parte del plan de Dios y sirven para Sus propósitos. Este valioso estudio ayuda a los lectores a descubrir cómo glorificar a Dios en medio del dolor; al tiempo que aprenden cómo encontrar gozo aun cuando la vida parezca injusta, y a conocer la paz que viene al confiar en el Único que puede brindar la fuerza necesaria en medio de nuestra debilidad.

Edificando un Matrimonio que en Verdad Funcione

Dios diseñó el matrimonio para que fuera una relación satisfactoria y realizadora; creando a hombres y mujeres para que ellos—juntos y como una sola carne—pudieran reflejar Su amor por el mundo. El matrimonio, cuando es vivido como Dios lo planeó, nos completa, nos trae gozo y da a nuestras vidas un fresco significado. En este estudio, los lectores examinarán el diseño de Dios para el matrimonio y aprenderán cómo establecer y mantener el tipo de matrimonio que trae gozo duradero.

El Perdón: Rompiendo el Poder del Pasado

El perdón puede ser un concepto abrumador, sobre todo para quienes llevan consigo profundas heridas provocadas por difíciles situaciones de su pasado. En este estudio innovador, obtendrás esclarecedores conceptos del perdón de Dios para contigo, aprenderás cómo responder a aquellos que te han tratado injustamente, y descubrirás cómo la decisión de perdonar rompe las cadenas del doloroso pasado y te impulsa hacia un gozoso futuro.

Elementos Básicos de la Oración Efectiva

Esta perspectiva general de la oración te guiará a una vida de oración con más fervor a medida que aprendes lo que Dios espera de tus oraciones y qué puedes esperar de Él. Un detallado examen del Padre Nuestro, y de algunos importantes principios obtenidos de ejemplos de oraciones a través de la Biblia, te desafiarán a un mayor entendimiento de la voluntad de Dios, Sus caminos y Su amor por ti mientras experimentas lo que significa verdaderamente el acercarse a Dios en oración.

Cómo Se Hace Un Líder al Estilo de Dios

¿Qué espera Dios de quienes Él coloca en lugares de autoridad? ¿Qué características marcan al verdadero líder efectivo? ¿Cómo puedes ser el líder que Dios te ha llamado a ser? Encontrarás las respuestas a éstas, y otras preguntas, en este poderoso estudio de cuatro importantes líderes de Israel—Elí, Samuel, Saúl y David— cuyas vidas señalan principios que necesitamos conocer como líderes en nuestros hogares, en nuestras comunidades, en nuestras iglesias y finalmente en nuestro mundo.

¿Qué Dice La Biblia Acerca Del Sexo?

Nuestra cultura está saturada de sexo, pero muy pocos tienen una idea clara de lo que Dios dice acerca de este tema. En contraste a la creencia popular, Dios no se opone al sexo; únicamente, a su mal uso. Al aprender acerca de las barreras o límites que Él ha diseñado para proteger este regalo, te capacitarás para enfrentar las mentiras del mundo y aprender que Dios quiere lo mejor para ti.

Principios Clave para el Ayuno Bíblico

La disciplina espiritual del ayuno se remonta a la antigüedad. Sin embargo, el propósito y naturaleza de esta práctica a menudo es malentendida. Este vigorizante estudio explica por qué el ayuno es importante en la vida del creyente promedio, resalta principios bíblicos para el ayuno efectivo, y muestra cómo esta poderosa disciplina lleva a una conexión más profunda con Dios.

ACERCA DE MINISTERIOS PRECEPTO INTERNACIONAL

Ministerios Precepto Internacional fue levantado por Dios para el solo propósito de establecer a las personas en la Palabra de Dios para producir reverencia a Él. Sirve como un brazo de la iglesia sin ser parte de una denominación. Dios ha permitido a Precepto alcanzar más allá de las líneas denominacionales sin comprometer las verdades de Su Palabra inerrante. Nosotros creemos que cada palabra de la Biblia fue inspirada y dada al hombre como todo lo que necesita para alcanzar la madurez y estar completamente equipado para toda buena obra de la vida. Este ministerio no busca imponer sus doctrinas en los demás, sino dirigir a las personas al Maestro mismo, Quien guía y lidera mediante Su Espíritu a la verdad a través de un estudio sistemático de Su Palabra. El ministerio produce una variedad de estudios bíblicos e imparte conferencias y Talleres Intensivos de entrenamiento diseñados para establecer a los asistentes en la Palabra a través del Estudio Bíblico Inductivo.

Jack Arthur y su esposa, Kay, fundaron Ministerios Precepto en 1970. Kay y el equipo de escritores del ministerio producen estudios **Precepto sobre Precepto,** Estudios **In & Out**, estudios de la **serie Señor**, estudios de la **Nueva serie de Estudio Inductivo**, estudios **40 Minutos** y **Estudio Inductivo de la Biblia Descubre por ti mismo para niños.** A partir de años de estudio diligente y experiencia enseñando, Kay y el equipo han desarrollado estos cursos inductivos únicos que son utilizados en cerca de 185 países en 70 idiomas.

MOVILIZANDO
Estamos movilizando un grupo de creyentes que "manejan bien la Palabra de Dios" y quieren utilizar sus dones espirituales y talentos para alcanzar 10 millones más de personas con el estudio bíblico inductivo para el año 2015. Si compartes nuestra pasión por establecer a las personas en la Palabra de Dios, te invitamos a leer más. Visita **www.precept.org/Mobilize** para más información detallada.

RESPONDIENDO AL LLAMADO
Ahora que has estudiado y considerado en oración las escrituras, ¿hay algo nuevo que debas creer o hacer, o te movió a hacer algún cambio en tu vida? Es una de las muchas cosas maravillosas y sobrenaturales que

resultan de estar en Su Palabra – Dios nos habla.

En Ministerios Precepto Internacional, creemos que hemos escuchado a Dios hablar acerca de nuestro rol en la Gran Comisión. Él nos ha dicho en Su Palabra que hagamos discípulos enseñando a las personas cómo estudiar Su Palabra. Planeamos alcanzar 10 millones más de personas con el Estudio Bíblico Inductivo para el año 2015.

Si compartes nuestra pasión por establecer a las personas en la Palabra de Dios, ¡te invitamos a que te unas a nosotros! ¿Considerarías en oración aportar mensualmente al ministerio? Hemos hecho las cuentas y por cada $2 que aportes, podremos alcanzar una persona con este estudio que cambia vidas. Si ofrendas en línea en **www.precept.org/ATC**, ahorramos gastos administrativos para que tus dólares alcancen a más gente. Si aportas mensualmente como una ofrenda mensual, menos dólares van a gastos administrativos y más van al ministerio.
Por favor ora acerca de cómo el Señor te podría guiar a responder el llamado.

COMPRA CON PROPÓSITO

Cuando compras libros, estudios, audio y video, por favor cómpralos de Ministerios Precepto a través de nuestra tienda en línea (**http://store.precept.org/**) o en la oficina de Precepto en tu país. Sabemos que podrías encontrar algunos de estos materiales a menor precio en tiendas con fines de lucro, pero cuando compras a través de nosotros, las ganancias apoyan el trabajo que hacemos:

• Desarrollar más estudios bíblicos inductivos
• Traducir más estudios en otros idiomas
• Apoyar los esfuerzos en 185 países
• Alcanzar millones diariamente a través de la radio y televisión
• Entrenar pastores y líderes de estudios bíblicos alrededor del mundo
• Desarrollar estudios inductivos para niños para comenzar su viaje con Dios
• Equipar a las personas de todas las edades con las habilidades es estudio bíblico que transforma vidas

Cuando compras en Precepto, ¡ayudas a establecer a las personas en la Palabra de Dios!

CPSIA information can be obtained
at www.ICGtesting.com
Printed in the USA
FSHW02n0945230818
51621FS